KB123132

시골빵집에서
자본론을 굽다

천연균과 마르크스에서 찾은 진정한 삶의 가치와 노동의 의미

시골빵집에서 자본론을 굽다

와타나베 이타루 지음 | 정문주 옮김

더숲

프롤로그

'혁명은 변두리에서 시작된다.'

마르크스의 사상을 현실세계에 실현하려 한 인물, 레닌의 말이다. 그리고 지금 마르크스의 사상을 바탕으로 한 혁명이 일본 변방에서 일어나려 하고 있다. 오카야마 현[岡山県] 북쪽의 '가쓰야마[勝山]'라는 작은 마을. 이름조차 생소한 변방에서 소리 없이 일어나고 있는 혁명에 나는 '부패하는 경제'라는 이름을 붙였다.

이곳 주고쿠[中國] 산지의 중턱에서 나는 빵집을 운영하고 있다. 빵집 주인이 되기까지 나는 한마디로 엉망이었다. 무언가가 되기는 해야겠는데 무엇을 해야 할지 모르는 나 자신에 애가 탔고, 거짓이 난무하는 사회와 고객을 속이며 돈벌이에만 혈안이 된 회사를 향해 분노를 느꼈다. 정신을 차리고 보니 일정한 직업도 없는데 나이는 서른을 바라보고 있었다.

보잘것없는 일이라도 좋으니 '진짜' 일을 하고 싶다는 생각이 그때 처음으로 가슴속 깊은 곳에서 솟구쳤다. 나는 내 마음이 시키는 대로 했고, 빵집을 열기로 결심했다. 4년 반 동안 기술을 배워 2008년에는 독립해 내 가게를 열었다. 규모는 작아도 제대로 된 빵을 만들기 위해 우리 부부는 날마다 애를 썼다. 가게는 어디에 열어야 하나, 밀가루나 호밀 같은 재료는 어떻게 구입해야 하나, 가격은 얼마로 정해야 하나……. 이 가운데 하나라도 잘못되면 내일은 없다는 각오로 열심히 일했다. 우리는 조금씩 알아갔고, 일일이 찾아서 배우는 과정에서 시행착오도 따랐지만 착실히 경험을 쌓았다.

그리하여 우리 부부는 현재 참 희한한 빵집을 운영 중이다. 오카야마 역에서 전철로 두 시간 넘게 걸리는 산 속의 빵집. 대표 메뉴는 '일본식빵'이다. 고택에 붙어사는 천연균으로 만든 주종(酒種)을 써서 발효시킨 빵인데 가격은 350엔(3,563원)으로 좀 비싼 편이다. 게다가 일주일에 사흘은 휴무, 매년 한 달은 장기 휴가로 문을 닫는다.

우리 가게의 경영이념은 이윤을 남기지 않기다.

처음부터 그럴 생각은 아니었지만, 빵을 만드는 데 없어서는 안 되는 균의 목소리에 귀를 기울이다보니 어느새 그런 희한한 빵집이 되어 있었다. 그 과정에서 나는 그 균들이 들려주는 목소리가 지금으로부터 150년 전의 인물인 마르크스의 목소리와 닮았다는 사실을 깨닫기 시작했다.

'썩는다' '부패한다'라는 것은 자연의 섭리다. 따라서 '부패하지 않는다'는 것은 자연의 섭리에 반한 현상이다. 그런데도 절대 부패하지 않고 오히려 점점 늘어나는 것이 돈이다. 돈의 그 같은 부자연스러움이 '작아도 진짜인 것'으로부터 우리를 멀어지게 한다.

이런 진리를 깨달은 우리 부부는 돈도 '부패'하게 하고, 경제도 '부패'하게 하면서 지역사회와 함께 살아가는 중이다. 이런 움직임이 소리 없이 확산되고 있다. 언젠가는 지역사회를, 국가를, 나아가 세계를 변화시킬지도 모른다. 150년의 시간이 흐른 지금, 일본의 변두리 작은 시골마을에서 소리없는 혁명이 일어나고 있다.

차례

제1부_부패하지 않는 경제

제2부_부패하는 경제

2장 | 균의 목소리를 들어라 - 발효

3장 | 참다운 시골살이는 '순환'

4장 | 착취하지 않는 경영형태 – 이윤 남기지 않기

5장 | 빵을 키우고 사람을 키우는 또 하나의 도전

제1부

부패하지 않는 경제

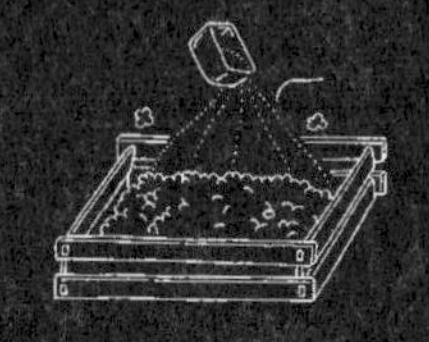

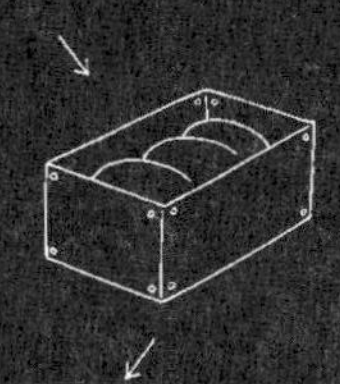

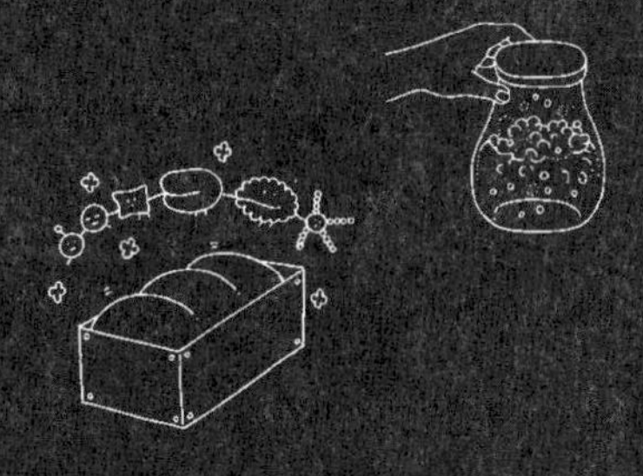

자연계에서는 균의 활약을 통해 모든 물질이 흙으로 돌아가고, 살아 있는 온갖 것들의 균형은 이 '순환' 속에서 유지된다. 자연의 균형 속에서는 누군가가 독점하는 일 없이도, 누군가가 혹사당하지 않고도 생물이 각자의 생을 다한다. 부패가 생명을 가능케 하는 것이다.

바로 이런 자연의 섭리를 경제활동에 적용시키면 어떻게 될까? 각자의 생을 다하기 위한 배경에 부패라는 개념이 있다고 한다면 부패하는 경제는 우리 각자의 삶을 온화하고 즐겁게 만들어주고, 인생을 빛나게 해주지 않을까?

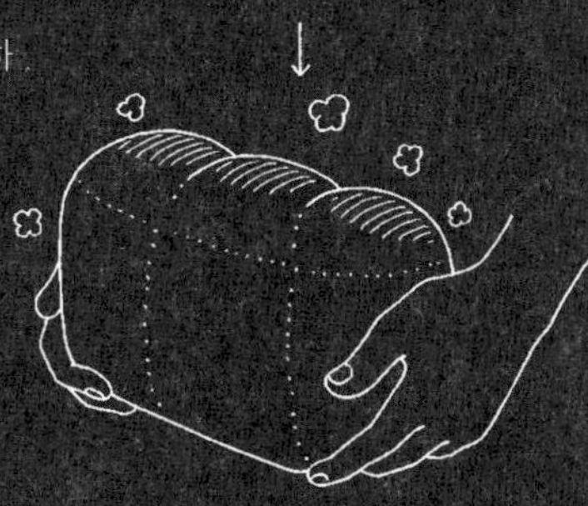

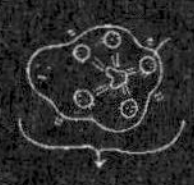

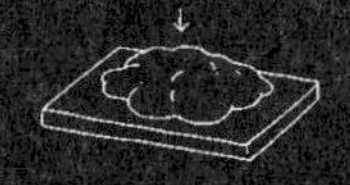

1장

무언가가 잘못되었다

– 나의 샐러리맨 시절, 할아버지가 물려주신 유산

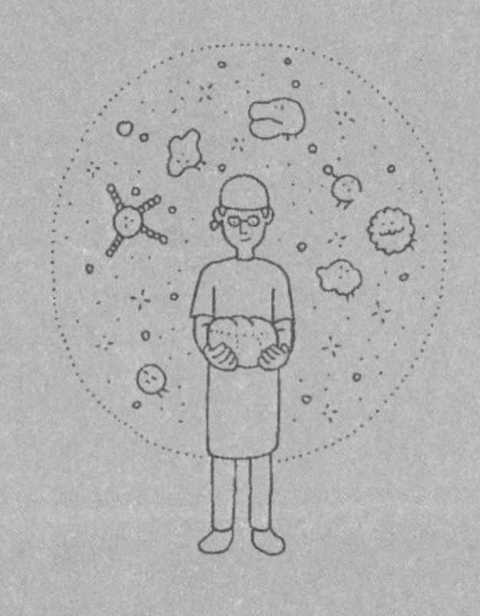

주종 빵이 만들어지기까지 1

우리가 일으킨 '혁명'의 무기는 빵이다. 그 중에서도 제일가는 무기는 '주종'으로 만든 '주종 빵'이다.
주종은 여러 가지 균을 혼합해 만드는데 일본 술의 원형 같은 존재다. 우리는 자연계에 서식하는 '천연균'만의 힘을 이용해 일본 고유의 주조법(酒造法)에 따라 주종을 만든다.

빵은 고대 이집트에서 탄생해 유럽으로 퍼진 서양의 먹거리다. 그런 빵을 만드는 과정에서 우리는 일본 술을 빚을 때 쓰는 균의 힘을 빌린다. 동서양이 어우러진 독특한 빵. 그래서 우리는 주종으로 만든 식빵을 '일본식빵'이라 부른다.
각 장의 시작 페이지에서 주종 빵이 만들어지기까지의 과정을 소개하고자 한다.

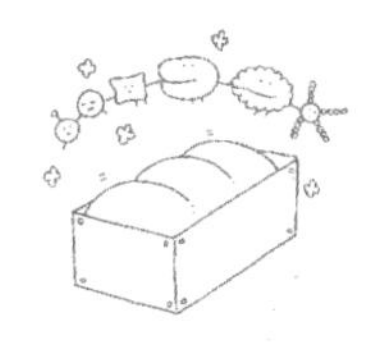

서른,
불합리한 세상의 세례를 맞다

서른이나 된 나를 신입으로 받아줄 회사가 있을 리 만무했다.

고등학교를 그럭저럭 졸업하고 하루살이 아르바이트로 보낸 세월이 7년이었다. 굳은 결심 끝에 대학은 갔지만 졸업할 무렵이 되자 내 나이는 벌써 서른이었다. 뒤늦게 구직전선에 뛰어든다 한들 승산이 없었다. 게다가 나는 애당초 시골 사는 농부가 되고 싶어 농학을 전공한 터였다.

그러나 학자이셨던 아버지는 "농사꾼 만들려고 대학에 보낸 줄 아느냐!"며 거세게 반대하셨다. 사람을 지위나 직업으로 판단하시는 아버지의 무신경함 정도는 한 귀로 듣고 한 귀로 흘릴 작정이었지만, 교수님마저도 탐탁지 않아 하시자 더 버티기가 어려웠다.

"대졸 신입(그래봤자 서른이나 먹은 중늙은이였지만)만이 할 수 있는 일부터 경험하고 견문을 넓히게."

"저같이 나이 먹은 사람이 들어갈 수 있는 회사가 있어야 말이죠."

될 대로 되라는 투로 대꾸하는 나에게 교수님은 직원 스무 명 정도 되는 작은 유기농산물 도매회사를 소개해주셨다.

농가와 거래하는 일인데다 출장 핑계로 시골에 갈 기회도 많았다. 월급은 세금을 공제하면 20만 엔(204만 원)에서 조금 빠졌다. 거절할 이유가 없었다.

이제 겨우 남들처럼 벌어먹게 되나 싶었다. 더군다나 동경하던 시골과 농사에 관련 있는 일이었다. 구체적인 장래 설계 하나 없이 그저 시골에서 살고 싶다, 농부가 되겠다는 생각 하나만으로 서른이나 먹도록 자아탐구의 연장선상에 있던 나는 생각지도 않게 찾아든 행운에 태평스런 꿈만 꾸고 있었다.

하지만 그런 나를 기다리고 있었던 것은 불합리한 세상의 세례였다.

말로만 듣던 원산지 위조……?

도매업자는 농산물이 수확되기 전에 미리 소매점과 계약을 맺는다. 예를 들어 사과의 경우 산지, 등급, 개수와 중량, 납품날짜를 사전에 정해두는 방식이다.

하지만 작황은 하늘이 정하는 법. 당연히 계약서 내용대로 작물이 갖춰지지 않는 때도 있다. 그렇다고 계약을 이행하지 않으면 소매점에 벌금을 물거나 값을 턱없이 깎이고 만다. 그래서 그 회사는 다른 산지에서 남은 사과를 계약서에 기재했던 산지로 이송한 뒤, 그곳에서 상자에 담아 소매점에 납품하는 수법을 썼다. 계약은 무사히 이행되고, 누구 하나 눈물 흘릴 일 없으며, 남은 사과는 썩히지 않아도 되는 해결방식이었다. 누이 좋고 매부 좋은 식이랄까.

그들의 사고방식을 이해할 수는 있었다. 그런 수법이 눈에 쌍심지를 켤 만큼 나쁜 일이냐고 묻는다면 단박에 그렇다고 맞받아치지도 못할 것 같았다. 하지만 왠지 석연치 않았다. '이건 원산지 허위 표시잖아?' 하는 생각에 뒷맛이 개운치 않았다.

그런가 하면 "매입자가 없어서 토마토는 3톤이나 또 썩고 있네요." 같은 이야기를 직원들은 아무렇지도 않게 했다. 생산자에 대한 경의, 생명이 있는 것을 다룬다는 자각, 자연의 결실을 고마워하는 마음, 그리고 그 모든 것을 한꺼번에 짓밟아버린 데 대한 자책은 대체 어디로 갔단 말인가?

세상이 교과서 속 이야기처럼 선하게만 굴러가지는 않는다고, 검은 것을 희다고 하는 불합리함도 수긍할 줄 알아야 어른이라고 사람들은 말할지 모른다. 내가 그 회사에서 경험한 내용은 많든 적든 누구나가 일상 업무 속에서 경험하고, '어른'이라면 보고도 못 본 척하는 세상의 잿빛 단면일 수도 있다.

그렇지만 나는 그로부터 10여 년이 흐른 지금도 생각한다. 그건 잘

못된 거라고.

작아도 진짜인 일을 하고 싶다

어느 날 상사가 자재업자를 봐주고 뒷돈을 챙기자고 제안한 적이 있었다.

"그런 푼돈으로 저를 매수할 수 있다고 생각하셨습니까?"

위세 좋게 상사를 몰아세운 후 그의 부정을 더 윗선에 보고했다. 그랬더니 웬걸 그 일을 계기로 나는 사내 모든 직원에게 눈총을 받는 신세로 전락하고 말았다. 아마도 적지 않은 이들이 비슷한 부정을 저지르고 있었던 것 같다.

그 후 회사 일이 갑자기 힘들어졌다. 그렇지 않아도 서른 살이나 먹은 신입사원이 일도 제대로 못하는 주제에 입만 살아서 모두가 거북해하던 참이었는데, 불길에 기름을 부은 격이었다. 어처구니없는 일들이 잇따랐다. 힘든 일이 있어도 아무도 도와주지 않았고, 말을 걸어주는 사람조차 없었다. 아침마다 나는 구역질을 했고, 코피는 맨날 달고 살았다. 그런 날들이 하루 이틀이 아니었다.

나보다 먼저 폭발한 사람은 훗날 아내가 된 마리였다. 마리와 나는 같은 신입이었다. 통하는 데가 있었던 우리는 만난 지 얼마 안 돼 연

애를 시작했다.

"말도 안 돼, 이 회사. 먹는 음식을 여기서 저기로 슬쩍 옮겨놓고 얼마나 이익을 부풀리는 거야? 게다가 말은 유기농이라면서 직원이나 물건을 대는 생산자들은 농산물을 장삿거리로밖에 보지 않아. 유기농은 인간의 삶을 자연과 조화시키려는 농사법 아니야? 이런 데서 일하는 건 아무 의미가 없어. 자기도 몸 망가지기 전에 빨리 그만두는 게 좋겠어."

입사 2년째 되던 해 여름에 마리는 그렇게 회사를 떠났다.

지금 와 생각하면 블랙기업(성장만을 노리고 젊은 인재들에게 과다 업무와 불법 노동을 강요하다가 스스로 그만두도록 유도하는 악질적 대기업을 가리킨다. - 옮긴이) 같은 회사였다. 꾹 참고 일만 하다 몸까지 망치는 건 어리석은 짓이었다. 하지만 그만두고 나면 무엇을 해야 할지 막막했다.

시골살이나 농사를 여전히 동경했지만 눈앞에는 거대한 유통 시스템에, 더 정확히 말하자면 자본의 논리에 농업이 좌지우지되는 현실이 있었다. 농업을 다시 살리려면 이 세계를 지배하는 시스템 '밖'으로 나가야 했다.

언젠가는 지금 있는 세계의 밖으로 나가 작아도 진짜인 일을 하고 싶었다. 스스로 옳다고 여기는 일을 하고, 그것을 생활의 양식으로 삼아 살고 싶었다. 그런데 나는 밖으로 나가는 출구를 몰랐다. 그래서 때려치우고 싶었지만 그렇게 하지 못했다.

"빵을 만들어보렴"

목적지를 알고 있으면서도 그곳에 이르는 길을 나는 찾지 못했다. 답답하다고 온몸을 마구 움직이다 보면 질척거리는 수렁에 발을 디디기 일쑤였고, 발버둥을 치면 칠수록 다리는 더욱 깊이 빠져들었다.

사표를 던지는 것만이 능사는 아니었다. 서른이 될 때까지 빌빌거리던 내가 회사를 나간다는 것은 곧 날품 파는 하루살이 인생으로 되돌아간다는 의미였다. 더 이상은 그렇게 도망 다니고 싶지 않았다. 하지만 지금의 이 수렁에서도 벗어나야 했다.

다람쥐 쳇바퀴 돌듯 나 자신에게 끝없이 묻고 또 묻는 사이 체력도 기력도 바닥을 드러내기 시작했다.

그러던 어느 날 밤.

잠자리에 누워 선잠이 들려던 참이었다. 머리맡에서 인기척이 느껴졌다. 이렇게 늦은 시각에 누구지……? 잠결에도 이상하다고 여기는 나를 향해 누군가 말을 걸었다.

"이타루. 너는 빵을 만들어보렴."

어, 이건 할아버지 목소리?

할아버지는 아버지가 아주 어렸을 때 전사하셨다.

의사였던 할아버지는 시골마을의 주치의가 되어 고향 주민들의 생명을 보살피는 일을 꿈꾸셨지만 당시 정세가 허락지 않아 군의관으로 복무하셨다. 군인들이 중국 대륙으로 차출되던 시절, 할아버지도 그 일행에 끼어 배를 타고 동남아로 출정을 나갔다가 거기서 미군의 공격을 받으셨다고 한다. 결국 할아버지는 바다에서 숨을 거두시고 말았다. 유해는 찾지 못했다. 아니, 찾기는커녕 어느 배를 타고 가다 언제 어디서 최후를 맞았는지조차 알지 못한다.

사실 나는 할아버지를 한 번도 뵌 적이 없다. 하지만 꿈결에 나타난 목소리의 주인공이 할아버지라고 확신했다.

신기하게도 할아버지가 건넨 한마디에 나는 금세 마음속 짐을 내려놓은 것 같은 느낌이 들었다.

'그래. 빵을 만들자.'

그렇게 마음먹은 순간, 모든 답답함이 해소되었다. 회사가 주는 스트레스는 겹겹이 나를 짓눌렀고, 아르바이트 시절에는 목표가 없어 불안했다. 더 거슬러 올라가 고교시절에는, 아니 더 이전부터 나는 세상과 어울리지 못한다고 느꼈다. 그런데 그런 우울한 감정들이 전부 내 몸에서 빠져나간 것이다.

물론 제빵에 관해서는 낫 놓고 기역자도 모르는 처지였다. 더군다나 나는 밥이 없으면 안 되는 사람이다. 밥상에 엄청난 정성을 쏟으신 어머니 덕분에 솔직히 빵을 먹은 적이 별로 없었다.

마리마저 의아해했다.

"뭐, 빵이라고? 아니 왜? 차라리 메밀국수나 두부가 더 낫지 않아?"

마리의 부모님은 놀라다 못해 멍한 표정이었다. 우리 부모님과 친구들은 '이타루가 또 백수가 되겠구나'라는 생각에 실망감을 감추지 못했다. 그래도 나는 기죽지 않고 굳세게 밀고 나갔다. 이미 결심이 섰기 때문이었다.

2002년 12월의 일이었다.

회사에는 빵집을 할 거라는 말만 남긴 채 그 바쁜 연말에 서둘러 인수인계를 마쳤다. 그러고는 마리와 살림부터 차렸다.

당장 기술을 배울 곳도 정해지지 않았으니 사실상 백수로 돌아간 셈이었다. 여자들이야 결혼을 계기로 회사를 그만두기도 하지만 나는 정식 결혼을 한 처지도, 여자도 아니었다. 그래도 주위 사람들은 우리 부부를 축하해주었다. 그 덕에 잘 구워진 빵처럼 내 꿈도 부풀고 있었다. 도심에서 떨어진 베드타운, 작지만 청결한 빵집에서는 아침부터 빵 굽는 냄새가 풍기고, 그 냄새만으로도 사람들이 행복해지는, 그런 일을 할 작정이었다.

2장

마르크스와의 만남

– 아버지가 물려주신 유산

주종 빵이 만들어지기까지 2

먼저 누룩균을 채취해야 한다. 누룩균은 전분을 당으로 분해하는 작용을 한다.

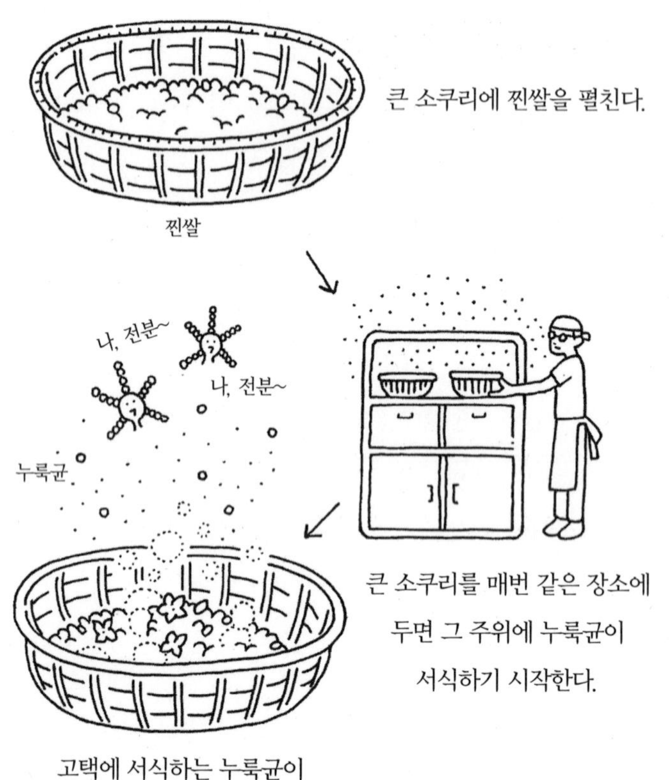

고택에 서식하는 누룩균이 내려앉아 쌀에 누룩 꽃을 피운다.

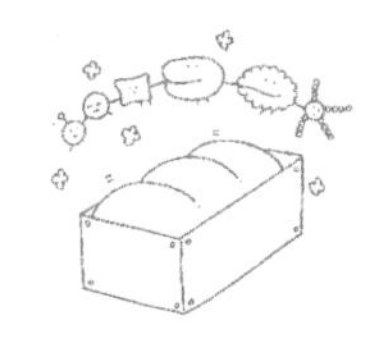

개점 직전, 치열한 경영회의

2007년 4월.

4년 반 동안 네 군데를 옮겨다니며 제빵 기술을 배웠다. 나와 마리는 드디어 독립하기 위해 본격적으로 움직이기 시작했다. 나는 다니던 빵집을, 마리는 농산물가공회사를 그만두고 우리 부부가 소원하던 시골빵집을 차릴 준비를 한 것이다. 큰딸 모토코(애칭 모코)는 벌써 두 살이었다. 남자 나이 서른다섯. 가족의 생계를 걸고 벌인 중대한 도전이었다.

가게 자리를 찾기도 힘들었던데다 개업 자금을 아끼려고 내·외장 공사를 직접 하느라 적잖이 애를 먹었다. 고생 끝에 그해 말이 되어서야 겨우 메뉴 개발에 들어갔다. 재료를 정하고 레시피를 짜고 가격을 붙였다. 빵을 만들 나, 그리고 판매를 담당할 마리는 그야말로 진지하게 경영회의를 거듭했다.

"호두와 말린 포도 빵이 720엔(7,330원), 밀크초코와 피넛은 500엔(5,100원), 레드와인에 절인 무화과와 호두는 700엔(7,127원)……."

"어? 마리, 잠깐만."

"왜? 계산이 잘못됐어?"

"그렇게 비싸면 누가 사? 여기는 도쿄의 고급 동네가 아니야. 사방이 온통 논밭인 시골이란 말이야. 사람보다 개구리가 더 많을걸."

"그렇지만 들어간 재료값 따지고, 원가 계산하면 이렇게 돼. 들인 비용이 100인데 그걸 50에 팔면 적자야. 가게 문 닫고 싶어?"

"아니, 그렇기는 한데……."

"이건 산수야. 더하기 빼기를 무시하면 경영이 안 된다고. 우리 계속 얘기했잖아. 정직한 먹거리에 정당한 가격을 매겨서 원하는 사람들한테 제대로 먹이자, 그래서 세상을 조금이라도 정직한 곳으로 만들자고 말이야. 만드는 일이 업인 사람이 존경 받는 사회를 만들자면서? 그러려면 만드는 사람이 잘 살아야 돼. 이 가격은 '비싼' 게 아니라 원재료를 포함해서 '만드는 작업'에 대해 지불하는 '정당한' 가격이라고 생각해."

"당신 말은 옳아. 그런데 정말 여기서, 이 가격에 팔릴 거 같아?"

"그걸 파는 게 내 일이야. 지금이 어떤 세상이야? 블로그, SNS 같은 편리한 도구도 있잖아. 우리가 하는 일의 의미를 친절하고 정중하게 알리면, 분명 알아주는 사람들이 있을 거야. 당신은 사람들이 납득할 수 있게 빵이나 열심히 만들어. 나머지는 내가 맡을게."

"알았어. 가격보다 더 나은 빵을 만들게."

남이 보면 부부싸움이라 할 만큼 치열한 경영회의를 우리는 매번 되풀이했다.

빵집을 농락한 투기자금

개업을 눈앞에 두고 우리 부부가 한바탕 전투 아닌 전투를 벌인 데에는 이유가 있었다. 재료 가격이 급등했던 것이다.

"예? 그렇게 비싸요? 전에는 호두 1kg에 1,345엔이었는데. 1,680엔이면 25%나 올랐단 말이네요."

"수입 자재 값이 줄줄이 올라서……. 나도 미안한데, 안 그러면 우리도 당장 장사 접어야 할 판이야."

사는 사람 입장에서야 파는 사람 말에 따를 수밖에 없다.

그런데 마지못해 가격 인상을 수긍한 지 한 달이 지난 후에는 호두 가격이 1kg에 1,843엔으로 뛰었고, 그것도 모자라 두 달 후에는 2,450엔으로까지 폭등했다. 당초 예상의 약 2배였다.

어째서 이런 현상이 발생하는지를 알아보니 몇 가지 요인이 동시에 작용하고 있었다. 우선 중국과 인도 등 신흥국이 경제발전을 이루면서 엄청난 양의 곡물을 수입하기 시작했다. 한편에서는 곡물이

바이오연료로 사용되는 탓에 식량으로 충당할 양이 줄어들었다. 게다가 사태를 더욱 심각하게 만든 원인은 지구 전체를 위협 중인 기후변화로 인해 전 세계 곡창지대가 가뭄을 겪어 대흉작을 기록한 데 있었다. 식량이 필요한 사람은 늘었는데 공급이 줄어들면 가격이 오르는 것은 당연한 이치다.

하지만 내가 도저히 인정할 수 없었던 것은 그런 작물 시황을 악용해 한밑천 잡으려는 투기자금이 있었다는 사실이다. 곡물의 국제 거래가격을 결정하는 국제 상품시장에 대량의 자금을 투입해서 본래의 수급균형을 깨고 곡물 가격을 끌어올리는 세력이다.

그들이 설치게 된 배경에는 악명 높은 미국의 '서브프라임 론subprime loan'이 있었다. 서브프라임 론이란 집을 구입할 자금력이 없는 저소득층에게 내 집 마련의 꿈을 부추겨서 고금리의 주택융자를 실시하는 악덕상술에 가까운 수법이다. 상환이 연체될 리스크가 높은 만큼 금리도 높다. 금융업계의 두뇌집단은 바로 그 악덕상품을 소재로 '금융공학'인지 뭔지를 구사하여 겉보기에만 현명한 금융상품을 만들어내고 있었다. 마치 문제 있는 재료를 가공식품 속에 섞어 불량식품을 만들어 팔듯이 서브프라임 론을 잘게 잘라 다른 우량 채권과 뒤섞은 뒤 팔아치운 것이다.

2006년 중반 무렵, 미국의 주택거품이 붕괴되자 서브프라임 론은 부실채권으로 추락하기 직전의 시한폭탄 신세가 되었다. 사태의 심각성을 알아차린 이악스런 투기세력은 상품시장으로 미친 듯이 몰려들었고, 결국 곡물 가격을 끌어올리기에 이르렀다.

리먼 쇼크와 금융위기의 한가운데에서

2008년 9월. 드디어 서브프라임 론이라는 이름의 시한폭탄이 여기저기서 터졌고, 세계 경제는 대혼란에 빠졌다. 리먼 쇼크(미국의 대형 투자은행 리먼 브라더스의 도산이 도화선이 된 주식·금융상품의 대폭락 사태)가 세계 금융위기를 초래한 것이다.

"마리, 은행에서 돈 좀 찾아놔. 이러다가는 예금인출 제한 사태로 번질지도 몰라. 아, 맞다. 어쩌면 돈이 휴지조각이 될지도 모르니까 현물로 바꿔두는 게 나으려나? 쌀을 한 100kg 사다가 비축해놓자."

"호들갑이 너무 심한 거 아냐? 걱정도 팔자다. 우린 괜찮아!"

"가게도 걱정되고, 세상이 어떻게 돌아갈지도 걱정돼서 그래. 줄 돈이 있어야 물건을 해올 수 있으니까. 그리고 우린 쌀이 없으면 '주종'(酒種, 우리 가게 빵을 만들 때 쓰는 효모의 일종. 말 그대로 원래는 술을 빚을 때 쓴다.)도 못 만들잖아……."

당찬 마리는 때로는 질책하고 때로는 격려하며 나를 안심시키려 했지만, 개점 직전에 드리운 먹구름 때문에 어쩔 수 없이 기분은 처지기만 했다.

그해 말, 오랜만에 도쿄의 부모님 댁을 찾은 우리는 문제의 심각성을 피부로 느끼게 되었다. 고향을 갈 때마다 중고교 시절 친구들과 항상 술자리를 가졌는데, 그해만큼은 술자리 분위기가 사뭇 달랐다.

모두들 하나같이 생기가 없었다. 오가는 이야기들도 어두운 내용뿐이었다. 부동산회사를 운영하는 수완 좋은 친구 녀석은 도쿄의 부동산회사가 잇달아 넘어지고 있다는 놀라운 이야기를 들려주었고, 소규모 광고회사에 다니던 친구는 사내에 불어닥친 정리해고의 칼바람을 앞두고 "무슨 일이 있어도 살아남을 거야!"라며 비장한 표정을 지었다.

연말이면 으레 역앞 선술집 골목은 거나하게 한잔 걸친 사람들로 붐비기 마련이었지만, 그해만큼은 셔터를 내린 집도 여럿인지라 초저녁부터 행인도 거의 없었다.

도쿄의 다마 지구는 자동차와 전기·기계, 반도체 공장이 밀집한 공업지대다. 지역 경제를 떠받들던 이들 산업 중에서도 특히 자동차 산업이 리먼 쇼크로 큰 타격을 입었다.

지역 사정에 밝은 친구는 이런 이야기를 들려주었다.

"히노 자동차(日野, 도요타의 자회사로 트럭 생산업체)에서 공장 조업이 일시 정지되면, 그 다음부터 기간제 종업원이나 파견 직원은 계약이 만료되는 그 길로 해고야. 주변의 자동차 부품업체도 너나없이 매출이 급감하고 있으니 머지않아 분명 정리해고 발표가 나겠지."

말이 좋아 글로벌 경제지, 국경을 초월한 이윤창출을 노리고 대규모 자본을 들이붓는 투기세력은 서민의 일자리를, 나아가 서민의 삶을 망치고 있었다. 그 문제는 내가 먹거리 세계에서 겪고 있는 모순과도 밀접하게 결부되어 있다는 생각이 들었다.

우리가 아는
그 마르크스?

"이타루, 너 마르크스를 읽어보지 그러니?"

"예? 우리가 아는 그 마르크스 말씀이세요?"

부모님 댁에서 연말연시를 보내던 나는 아버지와 술잔을 기울이면서 불황의 직격탄에 개점 직후 악전고투 중이며 이 상황을 어떻게 극복할지 고민 중이라는 말을 털어놓았다.

구체적인 조언을 기대한 것은 아니었다. 세상과 거리를 두고 사시느라 장사에는 어두운 아버지께 그런 부분을 기대하기는 어렵다고 생각했기 때문이다. 오히려 학자인 아버지는 지금 사회를 어떤 관점에서 보시는지가 더 궁금했다. 그런데 지금까지 잠자코 듣기만 하시던 아버지가 천천히 입을 열어 말씀하셨다. 어머니는 옆에서 차를 마시며 부자간의 대화를 조용히 듣고 계셨다.

카를 마르크스의 이름을 모르는 사람은 없을 것이다. 하지만 그의 사상과 업적까지 잘 아는 사람은 드물다.

철이 들고부터 아버지 서재의 책장에 꽂혀 있는 책을 보며 자랐고, 책등 어딘가에 박혀 있던 마르크스라는 이름에도 익숙한 나였지만 부끄럽게도 그 책을 꺼내 읽은 적은 없었다.

아버지 말씀을 들은 뒤 서점에 가서야 새로 번역된 『자본론』이 총 13권(원작은 3권으로 구성됨)짜리 대작이라는 사실을 처음 알았다. 아마 예전의 나였다면 사지도 않았을 테고, 읽는 것은 더더욱 하지 않았을 것이다. 그런데…….

나는 자본의 논리에 따라 부정이 판을 치는 세태가 싫어 회사에 사표를 낸 사람이다. 그 '바깥' 세상으로 탈출하려고 제빵 기술을 배웠지만, 바깥 세상이어야 할 빵집 공방마저 경제 시스템의 '한가운데'에 놓여 있다는 사실을 받아들여야 하는 상황이었다.

어렵사리 내 가게를 열고 바깥 세상으로 탈출할 수 있겠다고 생각한 바로 그때, 눈앞에는 자본의 세계시장이라는 더 큰 시스템이 버티고 있는 현실에 맞닥뜨렸다. 재료 구입 가격의 엄청난 변동에 농락당하는 나날이 이어졌던 것이다.

이 세계에, 과연 시스템의 바깥이라는 것이 존재할 수 있는 걸까?

그 점을 따져보지 않고서는 독립해서 빵집을 열었다고 한들 예전과 다름없이 시스템 안에서 살아야 했다. 내 가게를 가지고도 예전의 그 회사처럼 어느새 시스템에 말려들 게 뻔했다.

도쿄 히비야 공원에 '해넘이 파견촌'*이 진을 치던 그 무렵, 나는 인생에서 처음으로 마르크스와 차분히 마주하려 하고 있었다.

* 해넘이 파견촌이란 복수의 비영리 민간단체(NPO)와 노동조합으로 이루어진 실행위원회가 2008년 12월 5일부터 2009년 1월 5일까지 도쿄의 히비야 공원에 개설한 일종의 피난소다. 생활 및 직업상담, 생활보호 신청을 도우면서 공공직업안정소가 문을 여는 1월 5일까지 간이숙박소로도 이용됐다. 1월 2일부터는 후생노동성이 숙박 장소를 제공하기도 했다. 이 기간 중 실업자 약 500명이 파견촌을 찾았고 자원봉사자 1,680명이 일했으며 대중 모금액은 2,315만 엔(2억 3,570만 원)이었다. – 옮긴이

3장

마르크스와 노동력 이야기

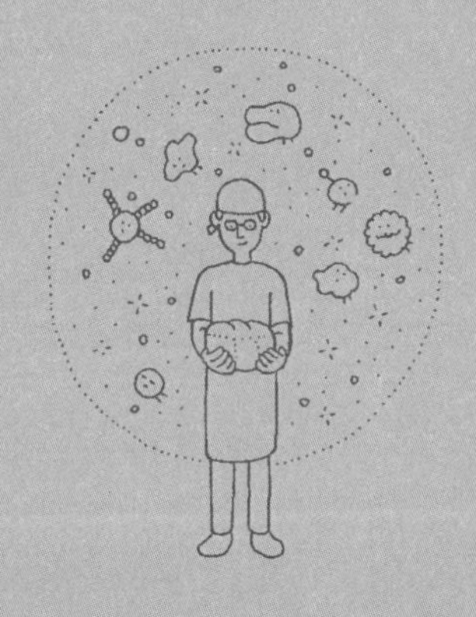

주종 빵이 만들어지기까지 3

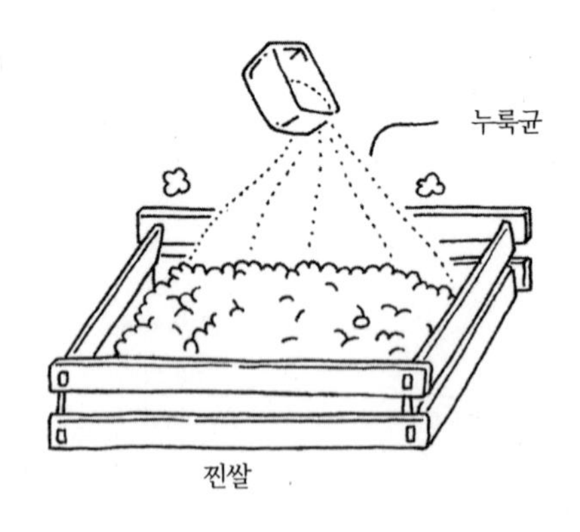

'주종 빵이 만들어지기까지 2'에서 채취한 누룩균을 찐쌀에 뿌리면 누룩균이 점점 늘어나 쌀누룩이 생긴다.

12, 24, 32, 38시간 뒤에 잘 섞어준다.

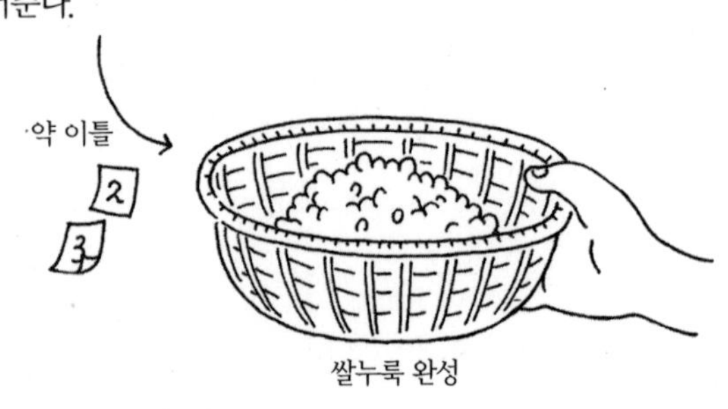

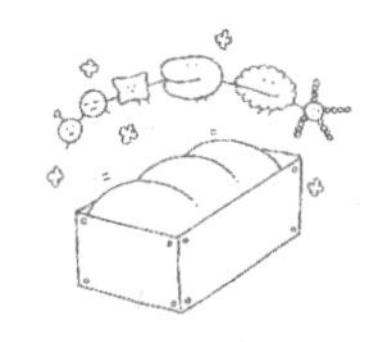

빵집 잔혹사 (21세기, 도쿄)

"이타루 군, 그럼 다음주부터 나와서 일 시작해. 잘 부탁해."

"감사합니다. 저야말로 잘 부탁드리겠습니다."

2002년 12월, 빵을 만들겠다는 필사의 각오로 회사를 그만둔 나는 도쿄 교외의 주택가에 있는 한 빵집에 들어갔다.

서른을 넘어 빵집 일을 구하기란 생각보다 훨씬 어려웠다. 면접에서 "서른한 살이고 빵집 경력은 없습니다."라고 입을 떼는 순간 거절당하곤 했다. 몇 집 연속으로 문전박대를 당하는 사이에 의욕도 점점 꺾이던 그때, 다섯 번째로 찾아간 빵집 사장은 나의 어디가 마음에 들었는지 선뜻 채용해주었다. 사장은 프로레슬러 압둘라 더 부처 같은 거구에 우락부락한 인상이었다.

"우리는 두 시부터 작업을 시작하니까 15분 정도 일찍 나와."

"두, 두 시라면 새벽 두 시 말씀이십니까?"

"당연하지. 낮 두 시에 물건을 받아서 빵을 구우면 밤이 되는데, 밤에 누가 빵을 사가나? 첫날부터 지각하면 안 돼. 늦잠 자지 마."

빵집에 첫 출근하던 날이었다. 새벽 1시 45분, 나는 몇 번이고 심호흡을 한 뒤 활기차게 문을 열고 들어섰다.

안에서는 조리복 차림의 사장과 스태프 두 명이 벌써 재료 준비를 하고 있었다.

"첫날이지만 제대로 시킬 테니까 각오해. S군 지시대로 하나씩 배우도록 해."

S군은 나보다 서너 살 어렸다. 머리가 길고 파도타기를 즐기는 서퍼 같은 인상이었지만 사람이 좋았다. 나중에 들은 이야기로는 고등학교를 졸업하고 공장에서 파견 직원으로 일했는데, 그 일에 염증을 느끼고 20대 중반에 제빵 업계에 뛰어들었다고 했다. S군에게는 그 가게가 두 번째 빵집이었다.

"이타루 씨, 천천히 가르쳐줄 여유가 없으니까 제가 하는 걸 보면서 도와주세요. 가게에서 제일 오래된 사람이 이번에 그만두면서 이타루 씨가 들어온 거거든요. 우리 모두 엄청 긴장하고 있으니까 열심히 따라오세요."

S군의 손놀림을 어깨너머로 보면서 빵 반죽을 자르고 뭉치는 '분할·성형'이라는 작업을 한 것이 빵집에서의 첫 임무였다.

새벽 2시부터 움직인 탓인지 금세 허기가 졌다. 아침 8시쯤 되자 진이 다 빠져버린 느낌이었다.

"저, 아침밥은 어떻게 하세요?"

작업 중간에 S군에게 슬쩍 물었다.

"주먹밥 같은 거 싸오라는 말, 사장님한테 못 들었어요? 배고프면 짬을 봐서 꺼내 먹어요."

"주먹밥은 싸왔는데, 식사시간이 없습니까?"

"이 집은 휴식시간이 따로 없어요. 화장실 정도만 가게 해줘요. 그러니까 작업 중간중간에 재빨리 먹어야죠. 쉬는 꼴을 보면 '쉴 틈 있으면 물건이나 만들어!' 하고 불호령이 떨어져요. 생긴 것처럼 되게 무서워요."

쉬는 시간이 아예 없다고? 밥은 작업 도중에 선 채로 먹고?

익숙지도 않은 새벽 기상에 제대로 쉬지도 못하고 몇 시간이나 선 채로 작업을 했더니 오후에는 눈앞이 어질어질했다. 자고 싶고, 앉고 싶고, 쉬고 싶다는 온갖 생각이 뒤죽박죽 엉켜서 머리가 터질 듯 아파올 즈음 사장이 소리를 질렀다.

"오케이. 오늘은 그만 문 닫자. S군, 이타루 군한테 청소 가르쳐줘."

시계를 보니 오후 5시를 넘은 시각. 겨울이라 밖은 벌써 어둑했다. 새벽 2시부터 쉬지 않고 일하기를 열다섯 시간. 매일 이런 식으로 일해야 한다고 생각하니 지옥이 따로 없었다. 분명 새파랗게 질린 얼굴이었을 나를 보고 S군이 충고인지 푸념인지 모를 이야기를 했다.

"오늘은 이른 편인데요, 뭘. 손님이 있으면 일곱 시 넘어서까지 가게 문을 안 닫을 때도 있어요. 이렇게 일하고도 휴일은 수요일뿐이고요. 몸이 고달프죠."

빵집 잔혹사
(19세기, 런던)

해설서를 한손에 들고 마르크스의 『자본론』을 읽기 시작했을 때 제일 먼저 떠올랐던 것은 매일 집에 돌아오자마자 정신을 잃듯 쓰러져 잠들었던 첫 번째 빵집의 수련 시절이었다.

마르크스는 지금으로부터 약 200년 전인 1818년에 태어나 1883년에 65세를 목전에 두고 숨을 거두었다. 당시 유럽에는 산업혁명이 한창 번지고 있었다. 마르크스가 인생의 후반기를 보낸 영국은 산업혁명의 발상지였던 만큼 세상에서 제일가는 자본주의 선진국이었다. 특히 방적과 직물 같은 경공업 및 철도 분야는 눈부신 발전을 이룩했다.

한편 노동자들은 가혹한 노동과 빈곤에 시달렸다. 성인 남성은 물론이고 여성과 열 살도 안 된 아이들마저 노동 현장으로 내몰려 저임금·장시간 노동을 강요받는 실정이었다.

마르크스가 당시 빵집 상황을 묘사한 대목에서는 눈을 뗄 수가 없었다.

그 옛날 영국의 빵집은 제빵 기술자들의 조합에 들지 않으면 가게를 운영할 수 없었다. 같은 업계에서 기술을 인정받은 사람에게만 가게 운영이 허락되었던 것이다.

그런데 자본주의의 발전과 함께 18세기 초반부터 자본가의 힘이 강해지고 조합의 힘은 상대적으로 약해졌다. 자본가는 빵집의 거래처인 제분업자나 밀가루 도매업계에 파고든 후, 업계를 뒤에서 조종하는 방식으로 커다란 이익을 추구했다.

사람들이 매일 먹는 빵에 자본의 논리가 결부되자 마르크스가 살던 19세기 중반의 런던에는 두 종류의 제빵업자만 남게 되었다. 조합의 흐름을 이어가는 '정상가 판매업자(full-priced)'와 자본가가 배후에 숨은 '저가 판매업자(underseller)'가 그것이다.

저가 판매업자들은 오로지 종업원을 장시간 부리는 방법으로 엄청난 저가를 실현했다.

업무가 시작되는 시각은 놀랍게도 날도 바뀌기 전인 밤 11시였다. 그때부터 빵 반죽을 했고, 잠도 반죽 테이블 위에서 잠깐 눈을 붙이는 정도였다. 두세 시간 얕은 잠을 자고 나면 이번에는 다섯 시간 동안 쉴 새 없이 빵을 구웠다. 그 후에는 직접 손수레를 밀고 구운 빵을 배달해야 했다. 업무가 끝나는 시각은 오후 1시. 늦을 때는 저녁 6시까지도 이어졌다.

이렇게 가혹한 노동환경 탓에 빵집 기술자의 대부분은 건강을 해쳤고 수명이 마흔둘을 넘기는 예가 드문 실정이었다 한다. 책을 읽던 당시 내 나이 마흔두 살이었다. 그래서인지 마르크스 시대 빵집 이야기는 내게 더욱 절절하게 다가왔다.

150년 전과
꼭 닮은 현실

마르크스가 묘사한 참상은 빵집에 국한되지 않았다.

도기 제조공장에서는 여덟 살도 안 된 소년이 매일 아침 6시부터 밤 9시까지 하루 열다섯 시간이나 노동을 했고, 열두 살 소년은 이틀 밤을 내리 새며 도르래를 돌려야 했다. 열 살 난 소년은 점심시간이 30분밖에 안 된다며 탄식했다. 벽지 제조공장에서는 소녀가 아침 6시부터 밤 10시까지 일했는데, 19명의 소녀 중 6명이 과로로 병을 얻어 일을 못하게 되었다.

이 대목에서도 현대에 사는 우리의 모습이 겹쳐 보인다. 혹독한 조건하에서 노동자를 부리는 블랙기업의 존재가 최근 신문 등 언론에 자주 등장한다. 자세한 내용은 『블랙기업 : 일본을 먹어 치우는 괴물』(곤노 하루키 저, 레디셋고 역간)이라는 책에 잘 나타나 있다.

월 200시간 이상의 야근을 소화하고, 권력을 이용해 부당한 대우를 하는 상사에게 지속적인 괴롭힘을 당하다가 입사 반 년 만에 스스로 목숨을 끊은 25세 남성. 월 100시간 넘는 야근으로 인해 몸이 망가져 입사 4개월 만에 급성 심부전으로 사망한 24세 남성. 월 140시간 넘는 야근으로 마음의 병을 앓다가 입사 2개월 만에 스스로 인생의 막을 내린 24세 여성. 나흘 동안 80시간을 일해도 야근수당 한 푼 못 받고 우울증이라는 이유로 휴직으로 내몰린 20대 남성…….

비참한 사회 상황을 향한 슬픔과 분노야말로 마르크스가 생애를 걸고 『자본론』을 쓴 동기였을 것이다. 그로부터 150년이 지나 사회는 확실히 편리해지고 물자가 넘치게 되었다. 그래도 노동자와 서민들에게 강요되는 가혹한 환경은 무엇 하나 변하지 않았다.

어째서 우리는 이렇게까지 일을 해야만 하는가? 각자의 머리로 고민할 필요가 있지 않을까?

노동력이 관건

날마다 온몸이 부서져라 일했던 첫 번째 빵집.

도대체 나는 왜 그렇게까지 혹사당해야 했을까?

당시 나는 그 빵집 사장이 제정신이 아니라고 생각했다. 그런데 마르크스는 그 이유를 이렇게 설명한다. 노동자가 혹사당하는 이유는 자본가(경영자) 탓이 아니라 '자본주의의 구조'에 문제가 있기 때문이며, 자본가는 자신도 모르는 사이에 그 구조에 편입되어 노동자를 학대한다는 것이다.

『자본론』 안에는 마르크스의 독특한 표현이 나온다. 그는 자본주의 사회를 지배하는 구조 장치의 근본이 노동력이라는 상품이라고 말한다. 노동자는 노동력을 팔고, 그 대가로 임금을 받는데, 자본주의를 자본주의답게 만드는 열쇠는 바로 노동력에 있다. 노동력을 사고 파는 과정에서 자본가가 좋아하는 이윤이 생기니 노동자는 혹사당할 수밖에 없는 것이다.

노동력의 대가로 급료를 받으니 당연하지 않은가라는 의문이 들지도 모르겠다. 그런데 바로 그 당연해 보이는 구조에 마르크스는 칼을 들이대어 자본주의 체제의 비밀을 밝혀냈다.

시골빵집의 마르크스 강의 1

상품이란 대체 무엇인가?

마르크스가 자본주의 체제를 읽어내기 위해 맨 먼저 문제 삼은 개념은 상품이다.

상품은 이제 너무나도 당연한 존재여서 그 개념을 새삼 생각해본 적도 없다는 사람이 대부분일 것이다. 그런데 자본주의 사회에는 상품이 넘쳐난다. 그 말은 곧 상품의 정체를 밝혀내면 자본주의의 정체를 밝혀낼 수 있다는 의미다. 마르크스가 생각한 것이 바로 그것이었다.

사실 이 상품에 관한 설명이 빵집 입장에서는('대부분의 사람에게'라는 표현이 더 정확할 듯싶다) 마르크스의 주장 가운데 가장 이해하기 어려운 부분이라고 생각한다. 그래서 상세한 설명은 전문적인 책에 양보하고 여기서는 내가 이해한 가장 중요한 부분을 전달하고자 한다.

상품의 조건 ① '사용가치'가 있을 것

상품이 되기 위해 중요한 것은 누군가가 그것을 필요로 해야 한다는 점이다. 바로 이 '누군가가 필요로 한다, 원한다'는 성질을 마르크스는 상품의 '사용가치'라 불렀다. 빵으로 말하자면 먹을 수 있는 성질이다.

상품의 조건 ② '노동'에 의해 만들어질 것

그런데 세상에는 사용가치는 있어도 '상품이 아닌 것'이 있다. 그 대표적인 예가 공기다. 제빵사가 만든 빵도, 미용사가 머리를 자르는 경우처럼 사람에게 제공하는 서비스도, 그것을 상품으로 취급하는 이유는 노동이 뒷받침되기 때문이다. 그런 점에서 공기는 사람의 노동과는 관계없이 존재한다. 그래서 상품이 될 수 없다. (최근에는 그 공기조차도 '배출권' 운운하며 투기 대상으로 삼으려는 움직임이 있으니 어처구니가 없다.)

상품의 조건 ③ '교환'될 것

예를 들면 자신이 먹기 위해 만든 빵은 상품이 아니다. '먹을 수 있다'는 사용가치가 있고 노동에 의해 만들어지기는 했어도 거기에는 '교환'이라는 개념이 없기 때문이다.

만든 빵과 교환하는 대상의 크기를 마르크스는 '교환가치'라고 불렀다. 복잡할 것 없다. 일단은 '사용가치'와 '교환가치'라는 마르크스 용어의 의미를 파악해두기만 해도 된다.

시골빵집의 마르크스 강의 2

상품의 '가격'에 숨은 비밀

교환가치에 관해 조금 더 알아보자.

예를 들어 A라는 사람과 B라는 사람 사이에 빵 50개와 옷 한 벌의 물물교환이 성립되었다고 하자.

이때, A와 B는 도대체 무엇을 기준으로 서로가 가진 상품의 교환가치를 동등하다고 생각했을까?

빵의 맛과 포만감, 그리고 옷을 입었을 때의 느낌을 비교했을까? 그렇다고 하더라도 대체 어떻게 비교할 수 있다는 말인가?

답은 노동의 크기, 즉 노동시간이다. 교환하는 당사자는 노동시간의 길이를 기준으로 삼아 교환가치를 측정한다고 마르크스는 생각했다.

A : "내가 빵 50개를 만드는 노동시간과 B가 옷 한 벌을 만드는 노동시간이 대략 비슷하겠지."

B : "내가 옷 한 벌을 만드는 노동시간과 A가 빵 50개를 만드는 노동시간이 분명 비슷할 거야."

이렇게 A와 B 양쪽이 다 납득을 했기 때문에 물물교환이 성립한 것이다. 여기서 주의해야 할 부분이 있다. 이 경우 노동시간은 반드시 A, B의 실제 노동시간을 나타내지는 않는다는 점이다. 그도 그럴 것이 빵을 원하는 B는 A의 제빵 기술이 숙련된 수준인지 엉망인지, 그도 아니면 평균적인 역량인지 알 길이 없다. 그래서 '빵을 만드는 데는 대략 이 정도의 시간이 걸리겠지'라고 노동을 '평준화'해서 교환가치를 추측할 수밖에 없다.

요컨대 평균적인 역량을 기준 삼아 노동시간을 어림잡고 교환가치를 정한다. 그리고 이렇게 정해진 교환가치의 크기를 돈이라는 척도로 표현한 것이 상품의 가격이다.

대부분은 학교에서 상품의 가격이 '수요와 공급'에 의해 결정된다고 배웠을 것이다. 나도 처음에는 놀랐는데, 마르크스의 생각에 따르면 가격의 기준은 어디까지나 교환가치에 있고, 수요와 공급은 가격을 변동시키는 2차적 요소라고 한다.

시골빵집의 마르크스 강의 3

내가 받는 '임금'의 정체

이제 제법 준비가 되었다.

이제부터는 자본주의 체제를 규명할 최대 관건인 노동력을 중점적으로 파고들어보자.

노동력도 돈과 교환되는 상품의 일종이기는 하지만 그 성질이 조금 특수하다.

노동력이라는 상품의 특징 ① 사는 사람은 자본가(경영자)에 국한된다

노동력이라는 상품을 살 수 있는 사람은 자본가뿐이다. 이때 자본가 입장에서 본 사용가치는 자신을 대신해 노동자가 상품을 만들어 준다는 데 있다. 편리하지 않은가? 상품을 만들기 위한 특수하고 편리한 상품이 노동력인 것이다.

노동력이라는 상품의 특징 ② 교환가치는 임금

노동력도 상품인 이상 교환가치를 가진다. 그것은 노동력의 가격, 즉 임금이다.

그리고 그 임금이 어떻게 정해지는지가 중요한 포인트다.

대략적으로 말하면 임금은 노동자와 그 가족의 생활비 및 양육비용과 기능 습득에 드는 비용을 합한 금액으로 구성된다. 말하자면 이런 뜻이다. 상품의 교환가치는 그것을 만들어내는 노동시간으로 정해졌다. 그리고 노동력을 만든다는 것은 노동자가 매일 건강하게 일할 수 있는 상태를 만든다는 의미다. 마르크스는 이를 '노동력의 재생산'이라 불렀다.

매일 건강하게 일하기 위해 노동자에게 필요한 것은 무엇일까? 우선은 먹을거리, 일이 끝나면 돌아와 쉴 수 있는 집, 입을 것 등 생활에 필요한 것들이다. 그리고 일을 하기 위한 기술과 지식도 필요하다. 더 나아가 일하는 본인 외에도 가족이 생계를 꾸릴 수 있어야 한다는 대목도 대단히 중요하다. 노동자 한 사람이 살아가기에도 빠듯하고, 아내를 부양할 수 없으며, 자식을 키울 수 없다면 사회에서 노동자는 자취를 감출 것이다.

그런 식으로 노동자가 생활하고 가족을 부양하며 자식을 키우고 기술을 익히는 일이 '노동력을 재생산한다'는 의미다. 이런 관점에서 보면 임금 차이가 쉽게 이해된다.

선진국과 비교해 개도국 노동자들의 임금이 낮은 이유는 개도국이 선진국보다 생활비가 싸기 때문이다. 연공서열상 근속연수가 길 때 임금이 오르는 것은 일반적으로 자녀 양육비와 기능 습득 비용이 들기 때문이다. 의사나 변호사처럼 고도의 전문성이 필요한 직업의 임금이 높은 이유는 업무에 필요한 지식과 기술을 익히기가 힘들기 때문이며, 그렇게 되기 위해 들어간 비용이 후불 형태로 급여에 반영되기 때문이다.

시골빵집의 마르크스 강의 4

이윤의 탄생 과정

마르크스가 말하기를 자본가(경영자)는 이 노동력이라는 상품을 잘 사용해서 이윤을 획득한다.

예를 들어 노동력을 얻기 위한 교환가치가 하루 6,000엔(6만 1,100원)이고 이 노동력을 쓰면(노동자를 부리면) 1시간당 1,000엔의 교환가치를 만들어낼 수 있다고 치자.

자본가가 됐다고 가정하고 이 조건에서 이윤을 만들려면 어떻게 해야 할까?

그렇다. 6시간 넘게 일을 시키면 나머지는 죄다 이윤이 된다.

같은 조건으로 8시간 동안 일을 시키면 다음과 같이 이윤이 나온다.

- 지불한 비용 : 노동력 6,000엔
- 생산된 상품에 포함된 교환가치 : 노동력이 낳은 8,000엔
- 획득한 이윤 : 8,000엔(매출)-6,000엔(비용)=2,000엔

지불한 비용과 생산된 교환가치의 차액 2,000엔이 이윤이 된다.

그렇다면 여기서 문제를 풀어보자(자본가가 됐다고 가정하고 계산해보기 바란다). 이윤을 더 늘리려면 어떻게 해야 할까?

그렇다. 8시간이 아니라 10시간, 12시간……. 조금이라도 일을 더 시키는 것이 이윤을 늘리는 가장 빠른 방법이다.

노동자를 오래 일하게 하는 것처럼 자본가가 많은 이윤을 손쉽게 얻는 방법은 없다. 노동시간을 길게 해서 이윤을 늘리는 방법은 자본가의 상투적 수법이다.

내가 빵집에서 죽어라 일만 했던 이유도 여기에 있었다. 나의 노동력을 산 빵집 사장이 조금이라도 더 많은 이윤을 얻으려고 노동시간을 철저하게 늘린 결과였던 것이다.

시골빵집의 마르크스 강의 5

노동력을 팔았지만 결국……

착취당할 대로 착취당한 노동자의 입장에서는 부당하게 속았다는 생각이 들 수도 있지만, 안타깝게도 그것은 참으로 정당한 거래의 결과다. 그 어디에도 부정은 없다. 노동자는 자신의 노동력을 팔고 그 대가(임금)를 받았다. 자본가는 가격대로 노동력을 샀고 그것을 자유롭게 사용했을 뿐이다.

상품은 산 사람이 어떻게 사용하건 산 사람의 완전한 자유다. 내가 산 자동차를 하루 종일 타건 일주일에 한 시간만 타건 자동차를 판매한 딜러가 불만을 품을 이유는 없다. 내가 그 자동차를 이용해 장사를 해서 돈을 번다고 해서 딜러에게 배당금을 나눠주어야 할 이유도 없다.

노동력도 상품인 이상 바로 이런 원칙이 적용된다. 정당한 가격에 산 노동력을 자본가가 얼마나 오래 쓰건, 노동력을 사용해서 돈벌이를 꾀하건 간에 파는 입장인 노동자는 그 어떤 불만도 제기할 수 없는 것이다.

자신의 노동력을 자본가에게 넘긴 노동자는 자본가에게 호되게 부려먹힐 운명에 몸을 맡긴 셈이다.

그렇다면 애당초 어째서 노동력이 상품이 된 것일까?

마르크스는 노동력이 상품이 되려면 두 가지 중요한 조건이 필요하다고 말한다.

하나는 노동자가 '자유로운' 신분일 것, 즉 노예처럼 누군가에게 지배당하면서 살아서는 안 된다는 것이다. 개인의 자유가 보장되어야 비로소 자신의 노동력을 타인에게 팔 수 있다는 이야기다.

또 하나는 노동자가 '생산수단'을 가지지 않아야 한다는 것이다.

생산수단이란 기계나 원재료 등 상품을 만들기 위해 필요한 노동력 이외의 것들을 가리킨다. 노동자가 자기 소유의 생산수단을 가지고 있으면 스스로 상품을 만들어 팔 수 있다. 그것을 소유하고 있지 않기 때문에 노동자는 자신의 노동력을 팔 수밖에 없고, 그래서 사용당하는 것이다.

분명 빵집 수련 시절의 나는 누군가의 강제에 의해 내 노동력을 팔지는 않았다. 나 자신의 의지로 사장에게 노동력을 제공했다. 그리고 빵을 만드는 기계와 재료, 즉 생산수단을 하나도 소유하지 못한 상태였다.

거꾸로 말하면 자신의 노동력을 떼어 팔기 싫다면 자기 소유의 생산수단을 가지면 된다. 그 점을 깨달은 나는 제빵 기술을 익혀 내 가게를 열고, 생산수단인 믹서와 오븐 등의 기계를 갖추었다. 또 가급적 근처 농가에서 재료를 구입하여 불안정한 시장에 좌우되지 않고 재료를 구하는 방법을 실천했다. 그렇게 조금씩 희한한 빵집의 스타일을 완성해갔다. 시스템의 바깥으로 탈출하기 위한 구체적인 노력은 2부에서 자세히 설명할 것이다.

4장

균과 기술혁신 이야기

주종 빵이 만들어지기까지 4

여기서 새로 등장하는 것이 바로 유산균이다.

유산균은 당을 유산으로 바꾸어준다. 그 때문에 전체가 산성을 띠게 되어 다른 균이 침범하기 어려워진다.

유산균은 그 다음에 등장하는 효모가 일하기 쉽도록 전체 환경을 잘 다져주는 역할을 한다.

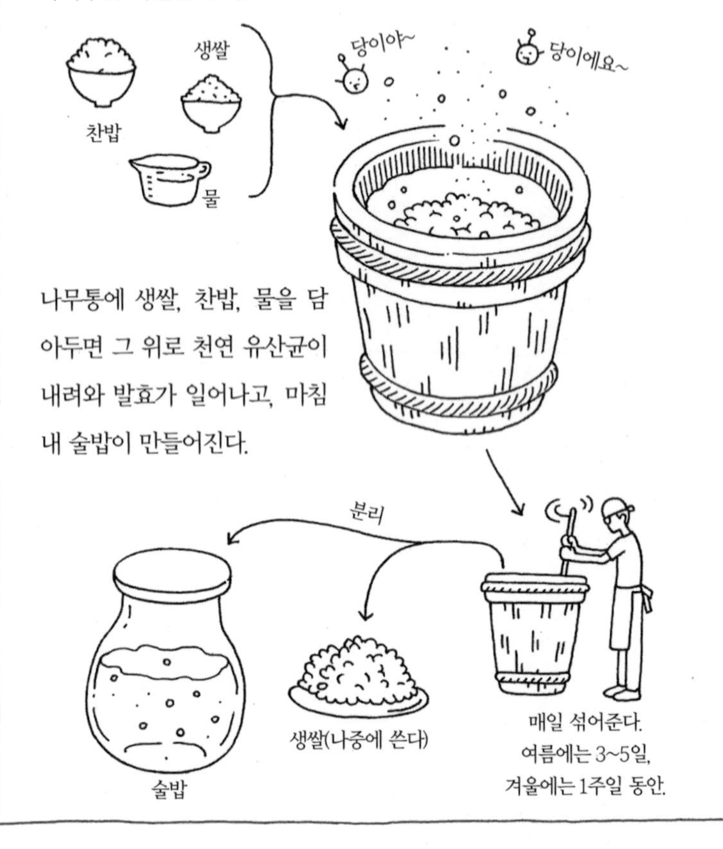

나무통에 생쌀, 찬밥, 물을 담아두면 그 위로 천연 유산균이 내려와 발효가 일어나고, 마침내 술밥이 만들어진다.

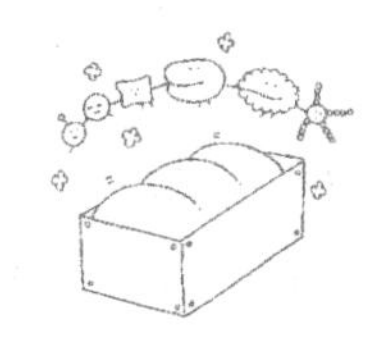

어처구니없는 실수로 탄생한 빵

인류와 빵의 만남은 4천~5천 년 전으로 거슬러 올라간다. 그 행복하고도 중요한 순간을 경험한 사람들은 고대 이집트인들이었다. 그런데 사실은 누군가의 어처구니없는 실수로 빵이 탄생했을 것이라는 이야기가 정설이니 인류의 역사란 참으로 신기할 따름이다.

지금으로부터 약 6천 년 전 이집트와 지리적으로 멀지 않은 메소포타미아에서는 밀가루에 물을 넣어 반죽을 한 후 구운 음식을 먹었다(인도 요리의 차파티나 난 같은 종류). 그것이 이집트에까지 전해졌다고 한다. 어느 날 한 이집트인이 평소처럼 빵을 만들려고 밀가루에 물을 넣어 반죽을 했다. 그러고는 '나중에 굽자'는 생각이라도 했는지 반죽을 하룻밤 방치하고 말았다.

다음날 아침에 봤더니 이게 웬일인가? 반죽은 몽실몽실 부풀어올라 있었고 새콤하면서도 달콤한 향을 풍겼다. 반죽의 변화를 발견한 그도 군침을 꿀꺽 삼켰을 것이 틀림없다. 예쁘게 부풀어오른 향긋한 반죽을 구웠더니 평소에 먹던 것보다 훨씬 고소했다. 추측건대 그는 "밀가루는 반죽한 뒤 하루 숙성시켜서 굽는 게 맛있다."고 자랑스럽게 퍼뜨리고 다녔을 것이다.

반죽을 놓아두는 동안, 무수한 균들은 발효라는 작용을 일으킨다. 자연계에 존재하는 야생의 효모(천연효모)는 자신들의 생명을 이어가기 위해 밀에 포함된 당분을 먹고 이산화탄소(탄산가스)와 알코올을 배출한다.

빵이 제대로 된 모습을 갖추게 된 비밀은 밀에도 숨어 있다. 밀가루 안에는 두 가지 중요한 단백질이 포함되어 있다. 밀알을 가루로 빻아 물로 반죽하면 그 두 가지 단백질이 결합해 점성과 탄력을 겸비한 글루텐이라는 조직이 만들어진다. 이 글루텐이 효모가 배출한 이산화탄소를 꽉 붙들어두기 때문에 빵 반죽은 풍선처럼 부풀게 된다. 효모와 밀의 찰떡궁합이 빵을 탄생시키는 것이다.

신의 존재를 느끼게 해주는 발효라는 신비한 작용

인류가 빵과 조우했을 무렵, 메소포타미아와 이집트 사람들은 이미

와인과 맥주도 제조할 수 있었다.

당시 사람들은 와인을 '신의 피'라고 생각했다. 포도의 과실을 으깨어 두면 효모가 포도의 당분을 먹고 이산화탄소와 알코올을 만들어낸다. 그리하여 기분 좋게 취하게 해주는 향긋한 와인이라는 음료로 탈바꿈한다. 포도의 과즙에서 이산화탄소가 부글부글 솟아오르는 모습은 생명의 숨결을 연상시켰고, 포도의 선명한 붉은 빛은 혈액을 떠올리게 했다. 사람들이 신비감을 느끼는 것은 당연했다. 수천 년의 시간이 흐른 지금도 사람들은 같은 감정을 느낀다. 기독교에서는 빵을 '예수의 성스러운 육신'으로, 와인을 '예수의 성스러운 피'로 표현하고 신성시한다.

참고로 쌀로 빚은 술의 기원은 벼농사의 전래와 거의 같은 시기까지 거슬러 올라간다. 이러한 술은 효모의 힘뿐 아니라 유산균과 누룩균(곰팡이의 일종)이라는 다양한 균의 힘을 빌려 완성된다. 누룩균은 쌀의 전분을 포도당으로 분해한다(이 과정을 당화라 한다). 유산균은 당분을 분해해 유산을 생성하고 효모가 작용하기 좋은 환경을 만든다. 그 과정에서 효모는 당분을 이산화탄소와 알코올로 분해한다. 여러 종류의 균이 힘을 합쳐 술을 탄생시키는 것이다. 동양에서는 술을 빚는 데 관련된 균의 종류가 많은 만큼 맥주나 와인과 같은 서양의 술을 만들 때보다 훨씬 섬세하고 정교한 고도의 양조기술이 필요하다.

동양의 술도 빵이나 와인처럼 신에게 올리는 제사 의식과 떼려야 뗄 수 없는 신성한 음료로 여겨졌다. 다시 말해 동서를 막론하고 인류는 발효라는 작용의 배후에 언제나 신의 존재를 느꼈던 것이다.

바로 그 발효라는 신비한 작용을 초래한 것은 자연계에 서식하는 '천연균'이다. 추측컨대 눈에 보이지 않는 발효 작용을 피부로 민감하게 느낄 만큼 옛사람들은 '신'의 존재까지 느끼며 살지 않았을까?

효모에도 개성이 있다

빵집 수련 시절 이야기로 돌아가보자.

일을 시작한 지 얼마 되지 않아 밤중에 일어나는 생활에 익숙해진 나는 제빵 공부를 본격적으로 시작했다. 지금은 발효에 인생을 걸고 가게를 운영 중이지만 당시에는 정말이지 엉망진창이었다. 특히 이해가 안 간 부분은 '이스트'와 '천연효모'의 차이였다.

시중에 나와 있는 빵 관련 책을 읽어보면 이스트란 '제빵에 적합한 효모를 공업적으로 순수 배양한 것'이라는 설명이 붙어 있다. 또 천연효모에 관해서는 '효모를 순수 배양하지 않고 야생의 균을 증식시킨 것'이라고 설명한다. 당시에는 그 의미가 좀처럼 와닿지 않았다.

처음 일했던 빵집에는 공부깨나 할 것처럼 보이는 T라는 아르바이트 청년이 있었다. 듣자하니 야간 제빵 전문학교를 다니면서 오전에만 빵 공방에서 일한다고 했다. T군도 나처럼 회사를 다니다가 그만둔 처지였는데, 빵집을 차릴 생각이었던 모양이다.

하루는 작업 도중에 틈을 봐서 T군에게 물었다.

"제가 요즘 발효에 대해서 공부하는데요, 이스트랑 천연효모의 차이점이 뭔지 도통 모르겠네요."

"복잡하죠? 처음엔 그럴 거예요."

T군은 작업을 멈추지 않은 채 얼굴만 살짝 돌리더니 이야기를 시작했다.

"이름은 둘 다 효모인데 그게 그렇게 간단하지 않아요. 사람도 그렇잖아요. 이타루 씨와 저만 해도 키와 몸집, 외모, 성격, 좋아하는 음식까지 전혀 다르듯이 효모도 저마다 달라요. 전분을 좋아하는 종류가 있는가 하면 단백질을 좋아하는 종류도 있고, 어떤 종류는 산성에 강하고 어떤 종류는 약하지요. 수분에 강하거나 약한 종류로 나뉘기도 하고요. 생각보다 복잡하답니다."

"그렇구나!"

"그렇게 다양한 종류와 성격의 효모를 사용해서 만드는 것이 '천연효모 빵'이에요. 효모뿐 아니라 자연계에는 여러 가지 균이 공기 중에 떠다니거나 작물에 붙어서 존재해요. 보이지 않을 뿐 모든 장소에 서식하죠. 그런데 이스트는 그 많은 '야생 효모' 중에서 제빵에 적합한 효모를 골라내 인공적으로 배양했다는 말이에요."

"아, '순수 배양'이 그런 뜻이군요. 그거 좀 더 설명해줄 수 있어요?"

"좀 억지스럽지만 사람한테 비유하면 이래요. 일단 부지런한 일꾼만 뽑아놓고 그런 다음에는 계속해서 그런 사람들의 수를 늘리는 거지요. 게으름뱅이나 일할 줄 모르는 사람들은 다 없애는 거예요. 일

잘하는 효모, 다시 말해 빵을 제대로 부풀려주는 효모만을 골라서 격리시킨 다음 늘린다고 보면 되겠죠."

"아하, 알겠어요. 그런데 그 얘기대로라면 나쁘다는 생각이 안 드는데, 왜 이스트를 쓰면 안 된다는 사람이 있는 걸까요?"

"이유야 많겠지만, 우선은 배양 방법이 문제라는 사람이 있어요. 영양이 풍부한 배양액 속에서 효모를 증식시키는 방식을 쓰는데, 그 안에 첨가물이 여럿 들어가니까 몸에 나쁘다는 거예요. 또 효모를 개량하기 위해 약품을 쓰거나 방사선을 쏘이기도 하기 때문에 돌연변이를 일으킨다는 이야기를 들은 적도 있어요."

농산물 도매회사에 다니던 시절의 경험으로 미루어보면 충분히 있을 수 있는 이야기였다. 품종개량을 위해 방사선으로 유전자를 파괴하고 새로운 품종을 만들어낸다는 이야기는 나도 들은 적이 있었다. 똑같은 일이 미생물의 세계에서는 일어나지 말란 법이 없었다. 그렇게 생각하면 효모의 품종개량이 새삼스러울 것도 없는 일이다.

음식을 '부패시키지 않는' 슈퍼효모

"그래서 이스트는 안 좋으니까 천연효모로 빵을 만들자는 사람, 천연효모 빵을 먹겠다는 사람이 늘어나고 있다는 말이군요."

“그것 말고도 이유는 또 있어요. 맛과 향기가 다르거든요. 순수 배양 방식으로 탄생한 이스트로 빵을 만들면 맛과 향이 단조로워요. 반면에 천연효모를 쓰면 다양한 성질을 가진 서로 다른 효모가 작용하기 때문에 풍미가 확연히 다르죠. 게다가 다른 균, 예를 들어 유산균 같은 것들도 섞이기 때문에 깊은 맛이 나고요.”

“안전하고 맛도 좋다면 다들 천연효모로 빵을 만들면 될 텐데 이스트는 왜 쓰는 거예요?”

“균이 많으면 그만큼 발효 관리가 어려워져요. 게으른 균, 부패시키는 균까지 섞여 들어가니까 온도나 습도, 주위 환경의 영향을 쉽게 받거든요. 사람도 그렇잖아요. 여러 사람이 모이면 통솔하기 어렵잖아요. 그것보다야 불평 없이 말도 잘 듣는 사람들이 똑같이 움직여주면 끌고 가는 사람이 훨씬 편한 법이지요. 그래서 편하게 관리하려고 이스트를 쓰는 거죠.”

“아, 그렇군요.”

“요컨대 이스트를 쓰면 누구나 쉽게 빵을 발효시킬 수 있다는 말이죠. 발효 도중에 잘못해서 부패하거나 실패하는 일도 없고요. ‘이스트는 과학의 산물, 자연에 대한 인간의 승리다.’라고 전문학교 선생님들이 열변을 토하시던데요.”

빵이 일본에 본격적으로 상륙한 시기는 바쿠후 말기에서 메이지 초기, 즉 19세기 말이다(『빵의 메이지 100년사』 참조). 미국과 유럽의 제빵 기술자들이 일본으로 건너와 요코하마와 고베, 나가사키 등 개항지에서 조금씩 빵을 퍼뜨렸다. 당시에는 이스트도 없었으니 ‘발효시키기'가 빵 만드는 기술의 핵심이었고, 재료를 어떻게 '부패시키지 않는지'가 기술자들의 실력이었다.

빵종을 발효시키는 기술은 빵집의 비전 중의 비전으로 여겨져 스승이 제자에게 도제식으로 전수하는 방식으로만 전해졌다. 당시 일본의 빵집은 마르크스 시대의 영국 빵집처럼 스승이 기술을 인정한 기술자만이 분점을 차려 자기 가게를 가질 수 있었다. 그랬던 관습이 일대 변화를 맞게 되는 계기가 바로 이스트의 순수 배양이었다. 1920~1930년에 걸쳐 이스트의 제조법과 이스트를 이용한 제빵 기술이 확립되면서 누구나 간단히 빵을 만들 수 있게 된 것이다.

이스트는 빵집의 경영과 노동 형태를 크게 바꾸어놓았다. 제빵이라는 작업에서 기술과 숙련도가 필요 없어졌고, 스승에서 제자로 기술을 전수하는 도제제도가 무너졌으며, 대신 자본가(경영자)와 노동자라는 자본주의적 고용관계가 빵집에 뿌리를 내리게 되었다.

시골빵집의 마르크스 강의 6

'기술혁신'은 이윤을 늘린다

이쯤에서 짚고 넘어가야 할 것이 있다. 이스트의 등장(=기술혁신)으로 재료 선택에 골머리를 앓지 않고도 저가에 손쉽게 빵을 만들 수 있게 되자 빵을 만드는 데 드는 수고는 대폭 줄어들었다. 그런데도

21세기 빵집에서 수련을 받은 나는 가혹하리만치 고된 노동을 해야 했다. 어째서 기술혁신을 이뤘는데도 마르크스가 살던 150년 전과 달라지지 않았을까?

이 기술혁신 이야기도 자본주의 시스템을 생각하는 중요한 포인트이므로 여기서 시골빵집의 마르크스 강의를 다시 시작한다.

마르크스는 생산성이 향상되면 자본가(경영자)에게는 대단히 기쁜 일이 생긴다고 했다. 구체적으로 살펴보자.

노동력의 교환가치(임금)는 하루 6,000엔이고 1시간 노동으로 빵 10개를 만든다고 했을 때 발생하는 교환가치가 1,000엔이라고 하자(즉, 빵 하나에 100엔이라는 말이다). 그러면 자본가가 임금의 본전을 뽑으려면 빵을 60개 만들어 팔아야 한다. 다시 말해 6시간 일을 시키면 본전을 찾을 수 있다. 이런 식으로 8시간 일을 시켜서 빵을 80개 만들어 팔 경우 발생하는 비용과 매출과 이윤은 각각 다음과 같다.

- 지불한 비용 : 노동력 6,000엔
- 빵 매출 : 100엔×80개=8,000엔
- 얻은 이윤 : 8,000엔(매출)-6,000엔(비용)=2,000엔

하지만 이스트를 만들어 기술혁신을 이룩한 결과, 1시간의 노동을 통해 20개의 빵을 만들 수 있게 된다. 그러면 전체 노동시간은 같은 8시간이라도 하루에 생산 가능한 빵의 양은 두 배인 160개로 늘어나므로 비용과 매출, 이윤은 각각 다음과 같이 된다.

- 지불한 비용 : 노동력 6,000엔
- 빵 매출 : 100엔×160개=1만 6,000엔
- 얻은 이윤 : 1만 6,000엔(매출)-6,000엔(비용)=1만 엔

노동시간을 늘리지도 않았는데 이윤이 2,000엔에서 1만 엔으로 훌쩍 뛰어올랐다. 자본가가 군침을 흘리기에 틀림없는 상황 아닌가?

시골빵집의 마르크스 강의 7

누구를 위한 기술혁신인가

기술혁신으로 생산성이 향상되면 노동시간을 늘리지 않고도 자본가(경영자)는 많은 이윤을 획득할 수 있다.

노동자의 입장에서는 늘어난 만큼 이윤을 조금 나눠주는 것까지는 바라지도 않는다. 오히려 이제까지 죽어라 일만 했으니 매일 8시간 이상 일하지 않아도 된다고 하면 그것만으로도 감지덕지라고 생각할 수 있다. 자본가는 큰 부를 얻고, 노동자는 긴 휴식시간을 얻자는 것이다.

그러나 150년 전, 아니 지난 20년 전과 비교해보더라도 상황은 달라지지 않았다. 엄청난 기술혁신을 이룬 지금도 제빵 기술자건 직장인이건 노동자는 휴식을 얻기는커녕 변함없이 몸이 으스러져라 일만

하고 있다. 도대체 왜 그럴까?

마르크스는 이렇게 말했다. "기술혁신은 결코 노동자를 풍족하게 만들어주지 않는다. 자본이 노동자를 지배하고 보다 많은 이윤을 얻기 위한 수단일 뿐이다."

사실 앞서 설명한 대로 기술혁신 후의 매출 계산식에는 속임수가 숨어 있다. 상품의 교환가치 원칙에 따르면 빵 한 개의 가격은 100엔이 될 수 없다.

상품의 가격은 교환가치에 의해 정해졌다. 중요한 것은 노동시간이다. 기술혁신의 전과 후를 비교했을 때, 1시간당 만들어지는 빵의 양이 2배가 되면 빵 하나당 교환가치는 반으로 줄어들기 마련이다. 그래서 기술혁신 후의 빵 가격은 기술혁신 전의 반인 50엔이 되어야 옳다.

그런데 어떤 조건하에서는 기술혁신 후에도 그 이전과 같은 가격으로 상품을 팔 수 있다. 새로 개발된 기술을 한정된 특정 자본가만 사용하면 된다.

교환가치의 크기는 세상 일반의 표준적인 기술 수준을 토대로 정해진다. 이 말은 세상의 대부분의 빵집이 1시간에 10개의 빵을 만드는 기술만 보유한 상태라면 남들을 앞질러 기술혁신에 성공한 빵집은 기술혁신 전의 가격대로 빵을 팔 수 있으니 커다란 이윤을 남길 수 있다는 의미다.

하지만 자본주의는 경쟁사회다. 자본가들끼리 보다 많은 이윤을 얻기 위해 치열하게 경쟁한다는 말이다. 새로운 기술을 획득한 자본가는 더 많은 이득을 얻으려고 가격을 조금 낮춰서 시장을 공략할 수도 있다. 빵을 1개당 80엔에 파는 것이다. 뒤처진 경쟁 자본가가 이 상황에 제대로 맞서지 못한다면 자연히 도태되어버릴 것이다. 필사적으로 달려들어 기술 수준을 따라잡았다고 해도 상대는 반격하기 위해 빵 가격을 50엔으로 더 낮출지도 모른다.

그 결과 상품은 드디어 교환가치대로 팔리게 되고 이윤은 기술혁신 전의 수준으로 돌아간다. 이때의 비용, 매출, 그리고 이윤은 이렇게 된다.

- 지불한 비용 : 노동력 6,000엔
- 빵의 매출 : 50엔×160개=8,000엔
- 얻은 이윤 : 8,000엔(매출)-6,000엔(비용)=2,000엔

시골빵집의 마르크스 강의 8

마지막에 웃는 자

자본가(경영자)가 기술혁신으로 얻은 커다란 이윤을 가격경쟁으로 잃는 이야기는 흥미롭지 않을지 모르지만, 상품의 가격이 떨어지는 것은 노동자에게 즐거운 소식이다. 분명 생활이 편해질 것이니 얼마나 행복한가? 하지만 그런 일은 일어나지 않는다. 상황이 그렇게 흘

러가면 임금도 떨어진다.

노동력의 교환가치(임금)가 생활비와 기술습득 비용, 자녀 양육비의 합계액을 기준으로 정해졌다는 점을 생각해보자. 상품의 가격이 싸지면 생활비와 양육비까지 모두(경우에 따라서는 기술습득 비용까지) 낮아진다. 그 결과 노동력의 교환가치가 떨어지는 결과가 나타난다. 상품의 가격이 떨어짐으로써 돌고돌아 임금까지 떨어지는 것이다. 결국 마지막에 웃는 자는 노동자가 아니라 자본가다.

그뿐이 아니다. 기술혁신은 대부분의 경우 노동을 단순하게(또는 쉽게) 만드는 방향으로 흘러간다. 빵을 만들려는 사람들이 이스트를 환영했던 이유도 노동의 수고를 확 줄여주었기 때문이다. 언뜻 제빵 기술자에게도 좋은 이야기라는 생각이 들 수 있지만, 긴 안목에서 보면 사실은 노동자의 목을 죄는 결과를 초래한다. 이것도 역시 노동력의 교환가치(임금)를 떨어뜨리기 때문이다. 노동이 단순해지면 기술은 필요 없어진다. 그러면 기술습득 비용이 굳는 만큼 임금도 낮아지는 것이다.

또 하나, 노동이 단순해짐으로써 노동자에게는 크나큰 영향을 미친다. 단순한 노동은 '누구나 가능한' 일로 전락해 얼마든지 대체할 수 있게 되는 것이다. 이 부분을 마르크스는 다음과 같이 표현했다.

"노동자는 기계의 부속물로 전락하고, 부속물로서의 그에게는 오직 가장 단순하고 가장 단조로우며 가장 손쉽게 획득할 수 있는 기술만이 요구된다."(『공산당 선언』)

기계는 기술혁신의 상징이다. 찰리 채플린이 영화 〈모던 타임스〉에서 묘사했듯이 처음에는 인간이 기계를 사용한다고 생각했지만, 어느덧 인간은 기계에 쫓기는 신세가 되어버린다.

제빵사도 마찬가지다. 이스트 없이는 빵을 못 만들게 됐을 때 제빵사는 '이스트의 부속물'이 되는 거나 다름없다. 이렇게 되면 제빵사라는 이름의 '부속물'은 얼마든지 대체 가능한 존재가 된다. 아무리 혹사당해도 그저 참을 수밖에 없다. 자본가는 반항하는 사람이 생길 경우 해고하면 되고 떨어져나간 그 자리에는 새 인물을 보충하면 그만이다.

내가 처음 들어간 빵집이 그랬다. 면접을 보러 가게를 찾아갔을 때 제일 오랜 기간 일했던 근속 2개월짜리 직원은 내가 들어가는 대신 가게를 나갔다. 남은 사람이래 봐야 고작 근속 일주일짜리 S군과 근속 사흘짜리 여직원, 그리고 내가 전부였다(T군은 아르바이트였다).

노동환경이 열악하니 직원의 정착률은 놀랄 만큼 낮았다. 그래도 노동이 단순했기 때문에 가게는 어떻게든 돌아갔다. 요컨대 사장 입장에서는 누가 와서 일해도 큰 차이가 없었다. 하지만 노동자 입장에서는 해고당하는 순간 생계가 위협을 받는다. 그래서 우리는 혹사당했음에도 불평 한마디 할 수 없었다.

직원들이 하나, 둘 그만두는 열악한 노동환경과 그 속에서 일하는 기술자들의 불안한 기술 수준은 노동이 단순해졌기 때문에 나타난 결과로 결코 분리해서 생각할 수 없는 문제다.

시골빵집의 마르크스 강의 9

싸구려 일, 싸구려 음식

우리가 생활하는 데 필요한 상품 중에서도 음식은 대단히 큰 역할을 한다.

그런데 그 음식이 지금은 엄청나게 싸졌다. 햄버거나 컵라면은 모두 200엔(2,036원)만 내면 거스름돈을 받는다. 소고기덮밥도 200엔대에 사먹을 수 있다. 음식은 싸면 쌀수록 좋다는 풍조가 있지만 마르크스의 말대로라면 크게 잘못된 생각이다.

일(노동력)을 값싸게 만들기 위해 음식(상품) 값을 내린다는 것이 마르크스가 밝혀낸 자본주의의 구조다.

농산물 수입도 음식 값을 깎아내리기 위한 하나의 수단이다. 시의성 있는 예로는 TPP(환태평양 경제동반자협정)를 들 수 있다. TPP에 참가하면 농산물 가격이 지금보다 싸진다. 쌀과 소고기의 관세가 철폐되면 소고기덮밥 가격은 200엔 아래로 떨어진다는 등의 이야기가 있지만, 이런 이야기는 요즘 들어 처음 거론된 내용이 아니다. 마르크스는 당시의 자본가(경영자)가 농산물 수입 자유화에 관해 어떤 식으로 바라봤는지 속내를 소개한 바 있다.

"곡물 및 모든 식료품의 가격이 싸야 산업은 이익을 얻는다. 왜냐하면 가격을 끌어올리는 요소가 무엇이건 간에 가격이 비싸지면 그로 인해 틀림없이 노동력도 비싸지기 때문이다. (중략) 식료품 가격은 반드시 노동의 가격에 영향을 미친다. 생활필수품의 가격이 싸지면 노동의 가격은 계속 떨어질 것이다." (『자본론』 1권 4편 10장)

소비자의 눈높이에서 생각해도 상품이 싸면 쌀수록 고마운 일이다. 물론 상품을 파는 사람 입장에서도 싸게 팔아야 잘 팔린다고 생각하는 것이 당연하다. 하지만 그 상황이 돌고돌아 노동자의 목을 죈다. 마르크스는 그 점을 가르쳐준다.

이스트를 사용해 누구라도 쉽게 빵을 만들 수 있게 되면 빵 값이 싸지고 빵집 노동자는 싼 값에 계속 혹사당하게 된다. 또 공방에서 이루어지는 노동은 단순해져서 빵집 노동자는 아무리 오랜 시간을 일해도 빵집 고유의 기술을 습득하지 못한다.

그 악순환에서 벗어나려면 어떻게 해야 할까? 엄선한 재료를 사용해 정성과 수고를 들여 빵을 제대로 만들어야 한다. 그리고 그 대가로 정당한 가격을 매겨야 한다. 제빵사는 본인의 기술을 살린 빵을 지속적으로 만들 수 있도록 충분한 휴식을 취해야 한다.

그런 모든 것이 우리 빵집 '다루마리'가 지향하는 바이며 우리는 그것을 실천 중이다. 그 이야기도 2부에서 다시 상세히 풀어갈 것이다.

5장

부패하지 않는 빵과 부패하지 않는 돈

주종 빵이 만들어지기까지 5

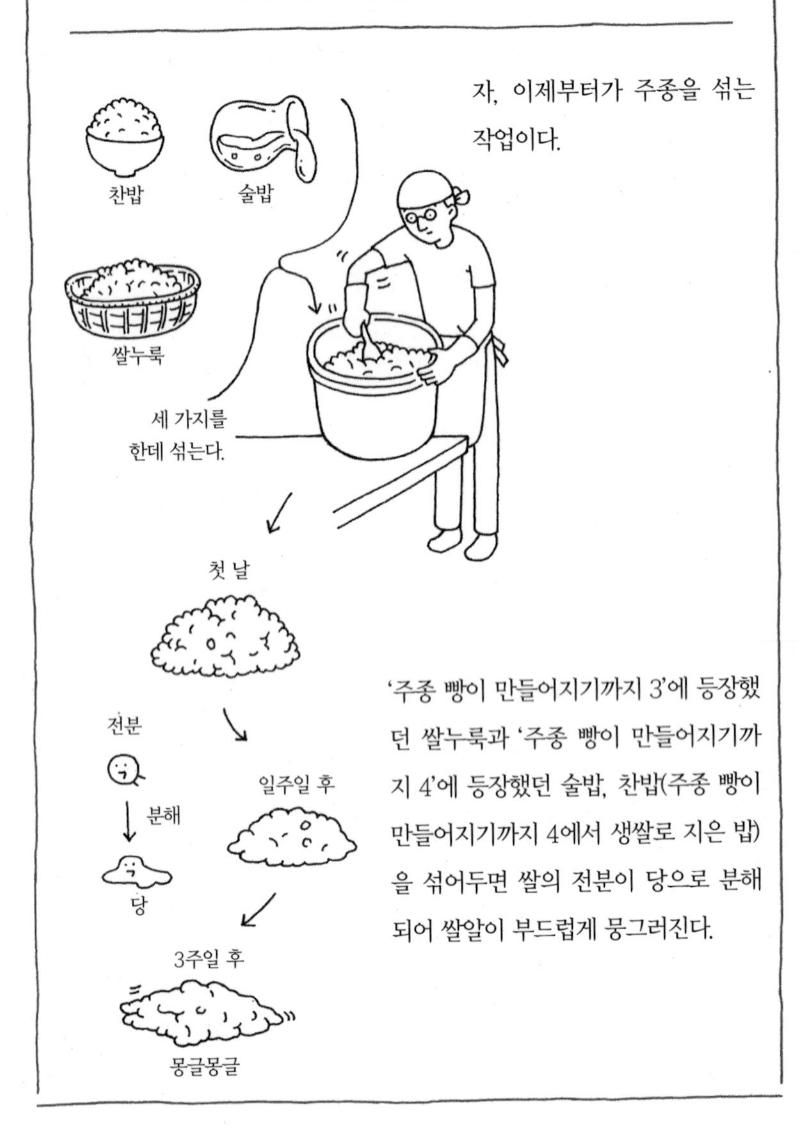

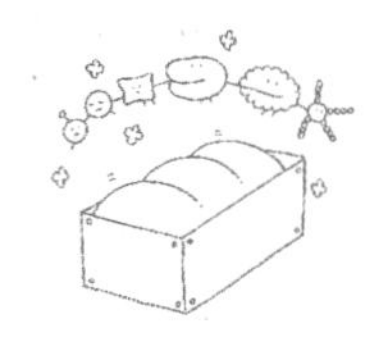

자루 속
천연효모

빵집 수련 시절, 지옥 같았던 빵 공방에서 T군에게 들은 이스트와 천연효모 이야기는 그 뒤로도 이어졌다.

"그런데 천연효모라는 건 어떻게 만드는 거예요?"

"아까도 얘기했지만 '야생의 효모'는 자연계의 모든 곳에 서식해요. 공기 중이나 과일과 곡물 껍질 같은 데 말이에요. 효모는 당분을 먹고 증식하기 때문에 당분이 많은 건포도나 다른 과일들을 으깨어 두면 어디선지는 몰라도 효모가 날아와서 발효가 시작되지요."

"되게 간단하게 들리는데요."

"집에서 취미로 만드는 정도의 질과 양이라면 몰라도 내다 팔 빵을 매일 만들려면 꽤 힘들죠. 발효 정도도 그날 그날 다르니까요."

"그렇군요. 우리 가게는 그런 발효 방식을 안 쓰잖아요. 그럼 저기

써놓은 '천연효모'는 대체 뭘 말하는 거죠?"

사장은 빵집 간판에 천연효모라고 당당히 써붙여두고 있었다. 물론 실제로는 이스트와 마찬가지로 비닐 자루에 든 '천연효모 빵종'이라는 것을 업자에게 받아서 반죽에 섞은 뒤 빵을 만들었다.

"그게 참 미묘해요. 어디까지를 천연효모라고 해야 할지 말이에요. 저도 궁금해서 사장님께 물어본 적이 있는데요, '이 빵종은 배양액도 안 쓰고 품종개량도 안 했으니 이스트와는 달라! 두말 할 필요 없이 천연효모지.'라고 하던데요."

"그래요?"

"사실 겉으로 드러내서 얘기하기는 좀 뭣하지만 빵종 만드는 업체랑 이 가게 사장은 한통속이에요. 같이 빵종을 개발한 다음 천연효모라고 불러도 되는 기준까지 만들었거든요. 이 가게도 그 기준을 충족시켰으니까 당당히 '천연효모 빵'이라는 간판을 내건 거죠."

"뭐라고요?"

"천연효모라는 건 어떤 의미에서는 브랜드 같은 거예요. 천연효모 빵을 찾는 손님이 많으니까 천연효모 가격으로 파는 거죠. 빵집은 어딜 가나 경영이 어려우니까 빵종이 장삿거리가 됐어요. 웃긴 얘기죠."

첨가물 범벅
무첨가 빵

빵집에 다니면서 신경 쓰이는 점은 또 있었다.

색소와 향료를 마구 섞어 빵을 만들면서도 '무첨가'라는 이름을 붙여 파는 행위였다.

T군은 그런 조작에 대해서도 설명해주었다.

"원칙적으로 식품첨가물을 쓸 때는 모든 물질명을 표시하도록 의무화되어 있어요. 그런데 예외적으로 첨가물 표시를 생략해도 되는 경우가 세 가지 있거든요*. 첫 번째가 '가공보조제'라고 해서 조리 과정에서 사라지는 것들은 표시를 안 해도 돼요."

"조리 과정에서 사라진다니 그런 게 있어요?"

"구우면 증발한다거나 하는 거죠."

"좀 석연치 않은데요."

"법률이 그래요. 두 번째 예외가 '캐리 오버(carry over)'라는 거예요. 원재료에 원래 들어 있는 첨가물은 표시를 안 해도 되거든요. 예를 들어 우리 가게에서 쓰는 밀가루에는 처음부터 증점제라든지 비타민 C가 들어 있는데 그런 건 표시를 안 해도 된다는 말이죠."

*우리나라의 경우에도 2006년 9월부터 시행된 '식품완전표시제'를 통해 식품에 사용된 모든 원재료나 성분을 표기하도록 되어 있으나 일본의 예처럼 여러 예외 규정을 두고 있어 그 실효성이 의문시되고 있다.—편집자

"아니, 그건 또 왜죠?"

"귀찮게 여기는 사람이 있으니까 그렇겠죠. 일일이 조사해서 표시하고 싶겠어요? 사실 뭐가 들어갔는지도 몰라요. 하지만 그게 현실이죠. 그리고 세 번째가 '영양강화제'라는 건데 영양을 강화할 목적으로 넣은 첨가물은 표시를 안 해도 된다고 정해져 있어요."

"도대체 무슨 소린지……."

"예를 들면 같은 비타민C라도 산화방지 목적이면 '산화방지제(비타민C)'라고 기재해야 하지만, 영양강화 목적이면 표시를 안 해도 된다는 뜻이죠."

"갖다붙이기 나름이네요. 이거 뭐 말장난인데요?"

"그거 말고도 첨가물을 몇 가지 뭉뚱그려서 기재해도 된다는 규정도 있어요. 어쨌든 여기까지는 예외 규정이고요, 제일 큰 허점이 아직 남아 있다는 사실! 가게에서 만든 물건을 그대로 파는 대면판매의 경우에는 기본적으로 뭘 얼마나 썼는지 표시할 의무가 없다는 겁니다."

"예? 말도 안 돼!"

"표시를 안 하는 대신 가게 주인한테 물으면 알 수 있다는 거겠죠. 규정이 그래요."

인체와 환경에 유해한 물질은 쓰지 않는 것. 그것이 먹거리를 다루는 사람의 기본적인 자세여야 한다고 나는 믿는다. 다행히 두 번째 빵집에서 만난 히가시카와 쓰카사[東川司] 선생님께 그 점을 호되게 배웠다.

첨가물의 안전성과 위험성을 둘러싸고 말이 많지만, 내 생각에 첨가물은 '안전한지 여부를 알 수 없으니 위험할 수도 있는 물질'이다. 첨가물을 써놓고도 '무첨가'라고 광고하는 행위는 빵의 사용가치를 위장하는 범죄일 뿐이다.

코를 훌쩍거린 이유

첫 번째 빵집 이야기를 조금만 더 하자. 일을 시작하고 몇 개월이 지난 어느 날, 나도 모르게 끊임없이 코를 훌쩍이고 있다는 사실을 알았다. 그날도 콧물을 훌쩍거렸던 모양인지 S군이 말을 걸었다.

"이타루 씨, 이제 제빵사 느낌이 물씬 풍기는데요?"

"정말요? 손과 도마가 한몸이 됐나요?"

"아뇨. 그게 아니라 콧물을 훌쩍이잖아요. 그거 제빵사의 직업병이에요."

"콧물요?"

"밀 알레르기인 것 같아요. 저는 코보다는 손이 심해요."

S군은 살갗이 트고 거칠어진 손을 내밀었다.

"그런데 밀 알레르기의 원인이 실제로는 밀이 아니라는 말도 있어요. 이타루 씨는 수입 밀에 쓰인다는 포스트 하베스트 농약에 관해

들어본 적 있어요?"

일본에 유통되는 밀가루의 약 90%는 수입인데, 수입 밀에는 배편으로 출하 전에 살충제가 뿌려진다. 운송 중에 벌레 발생을 막기 위해서라고 한다. 이 살충제는 수확(harvest) 후(post)에 뿌려지기 때문에 '포스트 하베스트(post harvest) 농약'이라 부른다.

이미 수확이 끝난 작물에 농약을 뿌리는 행위는 일본에서 금지되어 있다. 위험성이 있다고 보기 때문이다. 그런데 무슨 이유에서인지 수입품에 대해서는 허용하고 있는 실정이다. 배편으로 출하 후 일본에 도착하기까지 약 2주일 동안 밀은 선상에서 살충제와 함께 파도를 넘는 것이다.

수입 밀은 일본 정부가 거의 전량을 일괄 매입한다. 정부는 수입한 밀을 제분회사에 팔고(매도가격은 정부가 결정), 제분회사는 밀알을 빻아서(대개는 여러 종류를 섞음) 밀가루로 판매한다.

"정부와 제분회사는 밀에서 검출되는 농약이 기준치 미달이라고 보고하고 있어요. 그리고 밀가루를 가공해서 먹는 양을 생각하면 전혀 문제되지 않는다고 하죠. 하지만 제가 아는 제빵사들은 대부분 코가 안 좋거나 피부가 상하더라고요. 이타루 씨의 코나 제 손도 잔류농약 때문 아니겠어요?"

"……."

마지막으로 수련을 했던 르뱅(Levain)이라는 빵집에서는 국산 밀만 썼다. 거기서 일하고부터는 금세 코가 정상으로 돌아왔던 기억이 있다.

부패하지 않는 빵

자연계에 존재하는 모든 물질은 시간과 함께 모습을 바꾸고, 언젠가는 흙으로 돌아간다. '발효'와 '부패'를 통해서다. 그리고 이 두 가지 현상은 균의 작용에 의해 일어난다.

원래 천연균은 리트머스 시험지처럼 재료를 부패시킬지 발효시킬지, 그것의 좋고 나쁨을 구분하는 역할을 한다.

재료가 사람의 생명을 키우는 힘을 갖추고 있으면, 균은 빵이나 와인처럼 인간을 즐겁게 하는 음식으로 그것을 변화시킨다. 이런 재료에 균의 작용이 일어나면 음식은 더 맛있어지고 영양가와 보존성이 높아진다. 술처럼 사람을 취하게도 한다. 이것이 바로 발효 작용이다.

한편 생명을 키우는 힘이 없는 재료라면, 균은 그것을 안 먹는 게 좋다는 신호를 사람에게 보낸다. 말하자면 재료를 무참한 모습으로 변화시키는 것이다. 이때는 사람이 먹으면 해가 되는데 '부패' 작용이 바로 그것이다.

넓은 의미에서 보면 발효도 부패에 포함되며, 이 두 가지 모두 미생물에 의한 유기물의 분해현상이지만, 인간에게 유용한 경우에는 발효라고 하고 그렇지 못한 경우에는 부패라고 부른다.

발효와 부패는 모두 자연계에 존재하는 물질이 균의 작용을 통해 자연 속으로 편입되는 과정이다.

그런데 이스트처럼 인공적으로 배양된 균은 원래 부패해서 흙으로 돌아가야 하는 물질마저도 억지로 일정 기간 썩지 않게 만들어버린다. 균은 균인데 자연의 섭리를 일탈한 '부패하지 않는' 물질을 만들어내는 인위적인 균인 것이다.

첨가물과 농약 같은 식품가공 분야의 기술혁신도 마찬가지 작용을 일으킨다. 시간과 함께 변화하기를 거부하고 자연의 섭리에 반해 부패하지 않는 음식을 만들어낸다.

이 같은 부패하지 않는 음식이 먹거리의 가격을 낮추고 일자리를 값싸게 만든다. 나아가 싸구려 먹거리는 먹거리의 안전을 희생시키고 사용가치를 위장함으로써 먹거리를 만드는 사람에게 귀속되어야 할 기술과 존엄을 빼앗아간다. 실상은 지금까지 본 그대로다.

시간에 의한 변화의 섭리로부터 벗어나 있는 것이 하나 더 있다. 돈이다. 돈은 시간이 지나도 흙으로 돌아가지 않는다. 영원히 '부패하지 않는다'는 말이다. 부패는커녕 오히려 투자를 통해 얻는 이윤과 대금업을 통해 발생하는 이자로 인해 끝없이 불어나는 성질마저 있다. 곰곰이 따져보면 참 이상하지 않은가?

바로 이 부패하지 않는 돈이 자본주의의 모순을 낳았다는 내용이 내가 이 책에서 말하고 싶은 내용의 절반을 차지한다.

부패하지 않는 돈

'시간 도둑'이라는 캐릭터로 유명한 『모모』를 쓴 판타지 작가 미하엘 엔데(Michael Ende)는 나에게 '부패하지 않는 돈'이라는 생각을 가르쳐준 장본인이나 다름없다. 대학 시절 읽었던 『엔데의 유언 – 모모의 작가 엔데, 삶의 근원에서 돈을 묻는다』(카와무라 아츠노리 저, 갈라파고스 역간)라는 책이 계기가 되었으니 말이다.

여기서 간단히 금융을 통해 돈이 어떻게 증식되는지를 살펴보자.

A라는 사람이 은행에 100만 엔을 맡겼다(빌려줬다)고 하자. 그 100만 엔은 원래는 A의 것이지만 은행은 A가 맡긴(A에게 빌린) 100만 엔을 성실하고 정직하게 금고에 보관하는 데가 아니다. 예컨대 그 중 80만 엔을 B라는 공장에 융자를 한다.

A는 100만 엔을 자산으로 보유한 상태고, B사도 현금 80만 엔을 손에 넣었다. 원래 100만 엔이었던 A의 돈이 은행의 융자(B사 입장에서 보면 빌린 돈)를 통해 180만 엔으로 불어났다. 이것을 금융용어로 '신용창조'라 한다. 신용, 즉 빌린 돈을 통해 돈을 창조해내는 기능은 은행만이 가진 특수 기능이다.

게다가 빌린 돈에는 이자가 붙기 마련이다. B사는 빌린 돈에 몇 퍼센트의 이자를 붙여서 돌려줘야 한다. B사는 빌린 돈을 자금으로 삼아 노동력과 기계에 투자한 다음 이윤을 올리고 거기서 이자를 지불한다.

돈은 '부패하지 않을' 뿐만 아니라 자본주의 경제 안에서 이윤을 낳고 금융을 매개로 하여 신용창조와 이자의 힘으로 점점 불어난다. 형태가 있는 물질은 언젠가 스러져 흙으로 돌아가는 것이 자연계의 거스르기 어려운 법칙임에도 불구하고, 돈은 애초에 그 법칙에서 벗어나 한없이 몸집을 불리는 특수한 성질을 가진다. 그런 부자연스러움이 사회에 다양한 문제를 초래한다고 엔데는 생각했다.

부패하지 않는 경제

마르크스가 살던 시절, 돈이라고 하면 '금(gold)' 그 자체 또는 금과 교환할 수 있는 것을 의미했다(금본위제라 한다).

그런데 지금은 돈의 성질이 완전히 변했다. 돈은 금에서 떨어져나와 종이에 찍어내기만 하면 얼마든지 늘릴 수 있다. 또 이론적으로는 컴퓨터상에서 얼마든지 무한 증식이 가능하다.

엔데는 돈의 성질이 변하고, 증식에 제동이 걸리지 않는 위험성을 지적했다. 그로 인해 21세기 자본주의는 문자 그대로 영원히 이윤을 늘릴 수 있다는 것이다. 작용이 커지면 반작용도 커지는 법. 이윤을 추구하는 힘이 커지면 그에 따른 희생도 커지기 마련이다.

인류는 자원개발을 위해 환경을 파괴하고, 폐기물과 배기가스를 마구 배출해 공해를 일으키며, 안전성이 완전히 증명되지 않은 농약과 화학비료, 식품첨가물, 유전자 변형작물을 사용한다.

게다가 원자력 발전처럼 인간이 절대 완벽하게 제어하지 못하는 위태로운 기술까지 만들었다. 방사성 폐기물은 장차 몇 만 년이나 생명을 지속적으로 위협할 것이다(이 부분도 '부패하지 않는' 범주에 넣을 수 있을 것이다). 이로 인해 전 세계에서 어처구니없는 일들이 일어나고 있다.

이런 사태를 더욱 부채질하는 것이 통화량 늘리기다. 재정정책(적자국채 발행)과 금융정책(제로금리정책·양적완화)을 통해 돈을 마구 풀어서 시중에 돈이 넘쳐나게 만드는 것이다.

과거 일본의 거품경제나 서브프라임 론이 활개칠 수 있었던 미국의 주택 거품도 시장에 돈을 대량 공급했기 때문에 자금이 남아돌아 일어난 현상이었다. 가게 개업을 준비하던 시기부터 개업 직후까지 우리를 괴롭힌 식량가격 급등과 개업 반 년 후에 터진 리먼 쇼크도 단순한 '통화술책'일 뿐이다.

자본주의는 모순으로 가득 차 있다. '부패하지 않는' 돈이 자본주의의 모순을 낳는 주범이다. 그렇다면 차라리 돈과 경제를 '부패하게' 만들어버리면 어떨까? 이것이야말로 발효의 힘을 빌려 발효와 부패 사이에서 빵을 만드는 나에게 딱 맞아떨어지는 발상이었다.

경제를 부패하게 하자

사표를 던지고 빵을 굽겠다고 결심했을 때 나는 자본의 논리가 지배하는 세계의 '밖'으로 탈출할 작정이었다. 그렇지만 내 마음대로 밖이라고 생각했던 빵집에서 수련 시절 목격한 현실은 오히려 자본주의 시스템의 '한가운데'였다. 나는 내 발로 그 중심에 뛰어든 셈이었다.

그래도 그러기를 잘했다고 지금은 생각한다. 번화한 도심지의 빵집과 동네 빵집을 거치면서 나는 부패하지 않는 돈을 탄생시킨 자본주의의 모순을, 뼛속 깊이 절절히 느낄 수 있었다. 속속들이 눈으로 보는 사이에 앞으로 내가 가야 할 길이 선명해졌다. 이 사람들이 하는 것과 정반대로만 하면 되겠다고 생각했다. 시골빵집을 내기 위한 크나큰 양식이 된 것이다.

그래서 우리 시골빵집은 단순함을 지향한다. 만드는 자에게는 직업으로서, 소비하는 자에게는 먹거리로서의 풍성한 즐거움을 지키고 키워가기. 그러기 위해 비효율적일지언정 더 많은 정성으로 한 번이라도 더 많은 손길을 거쳐서 공 들인 빵을 만들고, 이윤과 결별하기. 그것이 부패하지 않는 돈을 탄생시킨 자본주의 경제의 모순을 극복하는 길이라고 나는 생각했다.

때로는 직감에 따르고, 때로는 실패와 시행착오를 거치면서 이상을 현실로 하나하나 만들어갔다. 그 과정에서 우리는 균을 만났다. 순수 배양 이스트가 아닌 인류가 오래전부터 가까이에 두고 이용해 온 발효라는 신비한 작용을 만나게 된 것이다.

자연계에서는 균의 활약을 통해 모든 물질이 흙으로 돌아가고, 살아 있는 온갖 것들의 균형은 이 '순환' 속에서 유지된다. 가끔 환경이 변해 균형을 잃을 때도 순환은 자기회복력을 작동시켜 균형 잡힌 상태를 되찾게 한다.

그 같은 자연의 균형 속에서는 누군가가 독점하는 일 없이도, 누군가가 혹사당하지 않고도 생물이 각자의 생을 다한다. 부패가 생명을 가능케 하는 것이다.

바로 이런 자연의 섭리를 경제활동에 적용시키면 어떻게 될까? 각자의 생을 다하기 위한 배경에 부패라는 개념이 있다고 한다면 부패하는 경제는 우리 각자의 삶을 온화하고 즐겁게 만들어주고, 인생을 빛나게 해주지 않을까?

자연계의 부패하는 순환 속에서는 때로 균들이 빵이나 맥주, 전통술 등 고마운 먹거리를 만들어주었다. 전분을 포도당으로 분해(당화)하고, 단백질을 아미노산으로 분해해서 말이다. 균이라는 생명의 작용이 인간에게 선물한 발효는 우리가 사는 세계를 더 깊고 풍부하게 만들었다.

균이 했던 것처럼 사람이나 지역도 부패하는 경제를 통해 우리 안에 있는 힘을 발휘하면 삶이 가진 본래의 의미를 만끽할 수 있지 않을까?

마르크스가 찾아낸 자본주의의 모순을 풀 열쇠는 균에 있는 것이 아닐까? 내게는 그렇게 보인다. 바로 그것이 발효와 부패 사이에서 시골빵집이 구워낸 자본론이다.

그럼 이제, 우리가 실천 중인 경제를 부패하게 하는 방법을 소개한다.

오른쪽부터 아내 마리, 딸 모코, 나 이타루,
아들 히카루. 우리 가족의 삶과 함께하는
빵집이 바로 다루마리다.

나와 마리는
손님들과 자주
담소를 나눈다.
빵이 맛있다는
이야기를 들을
때마다 의욕이
솟구친다.

가게는 옛풍경이
그대로 남아 있는
거리에 있다.
지은 지 100년이
넘는 고택이라
운치가 넘친다.

갓 구운 빵을
판매대에 하나씩
진열하는 것도
우리에게는
중요한 업무다.

아침 7시.
동네 사람들이 일어날
무렵이면 그날의
첫 빵이 완성된다.
사진은 '건포도
효모 시골빵'.

다루마리의 대표
메뉴는 주종으로
만든 '일본식빵'.
고택에 붙어사는
균과 지역에서
자연재배한 작물의
합작품이다.

① 건포도 효모로 만든 '레드와인에 절인 무화과와 호두'
② 유산균종으로 만든 '건포도와 호두가 듬뿍 든 흑빵'
③ 유산균종으로 만든 '호밀 100% 흑빵'
④ 주종으로 만든 '피타빵'
⑤ 주종으로 만든 '베이글'

← 가운데 있는 것은 통밀 효모로 만든 '호두와 건포도' 빵이다.

→ 통밀 효모로 만든 '화이트 초콜릿×감귤 필'

↑ 건포도 효모로 만든 '바게트 캄파뉴'

매장의 계산대 옆에서 양한 표정을 선보이는 빵들. 중후한 느낌마저 든다. 에너지를 팍팍 주는 빵을 만든 날은 역시 기분이 좋다.

우리의 동지 '히루젠코게'
(174쪽 참조)가 무비료,
무농약 방식으로
자연재배하는 밀.
이삭이 촘촘히 달렸다.

밀에 섞인 풀 씨앗을
솎아내는 일(왼쪽),
밀을 빻아 가루를 내는
일(오른쪽)까지도 우리가
빵을 만들 때 중요하게
여기는 과정이다.

잘 발효된 반죽을
잘라 모양 만들기.
이 작업은 속도가
생명이다.

가마 속에서
구워지기를
기다리는
'일본식빵'

생쌀(오른쪽)과
천연 누룩균이 잔뜩
묻은 상태의 쌀누룩(왼쪽
대소쿠리는 전통공예인
가쓰야마 죽세공을
만드는 장인 히라마쓰
유키오 씨의 작품
(152 참조)

일본 전통 주조법대로 만든 주종(거품은 발효가 왕성하다는 증거다)과 맛을 보는 나.

호밀 효모

자가 제분한 호밀로 효모를 번식시킨다(유산균종). 독일의 흑빵 '호밀빵'을 만드는 데 쓴다. 독특한 산미 때문에 자꾸만 손이 간다.

통밀 효모

자가 제분한 밀의 전립분으로 효모를 번식시킨다(르뱅종). 묵직하고도 씹는 맛이 일품인 단단한 빵으로 재탄생한다.

건포도 효모

유기농 건포도를 1주일 정도 물에 담가서 효모를 번식시킨다. 빵맛이 깔끔해진다.

맥주 효모

보리 맥아와 호프로 효모를 번식시킨다. 갓 구운 빵에서도 맥아의 단맛이 은은하게 풍기게 된다. 왼쪽 접시가 보리 맥아와 호프.

쌀 · 보리 · 채소를 자연재배하는 히루젠코게 사람들.(174쪽 참조)
가운데가 구와바라 히로키 씨. 왼쪽은 다카야 유지 씨.
오른쪽은 부인인 다카야 에리카 씨.

↑ 안개 낀 히루젠 고원의 풍경은 언제 보아도 환상적이다.

← 여름철 맑은 날이나 겨울철 눈 내리는 날에도 농가는
일손을 놓지 않고 자연과 함께한다.

무비료 · 무농약으로 수확한
생명력 넘치는 자연재배 작물들.

대지에서 하늘을 향해 쑥쑥 자라는 벼.

우리 부부와 히루젠코게 사람들은 매번
화기애애하게 이야기를 나눈다.

아무리 피곤해도
웅대한 산과 끝없이
흐르는 물을 보면
마음이 저절로 치유된다
가쓰야마 지방을
흐르는 아사히가와 강의
다리 위에서.

집에서 둘째 히카루를
출산한 마리를 보면서
'엄마는 강하다'는
말을 실감했다.

빵집의 일상 속에서 아이들이 자라고,
아이들의 일상 속에 빵집이 있다.

빵 공방에서 노는 히카루(왼쪽)와 모코(오른쪽).

여름 초저녁, 네 식구가 산책을 나섰다.
아이들의 웃음을 보면 피곤이 싹 풀린다.

↑ 히노키 초목염직 공방을 운영하는 가노 요코 씨(152쪽 참조). 이 지역 상점의 포렴(술집이나 복덕방의 문에 간판처럼 늘인 베 조각)은 가노 씨가 주인들의 의견을 수렴해서 만든 것이다. 우리 가게도 가노 씨가 만들어준 포렴을 입구에 걸어두었다.

← 200년 이상의 역사를 자랑하는 고젠슈의 양조장 '쓰지혼텐'(153쪽 참조). 이제껏 살아 숨 쉬는 발효문화가 있었기에 우리 식구는 이곳으로 올 결심을 할 수 있었다. (사진은 술 담그는 모습)

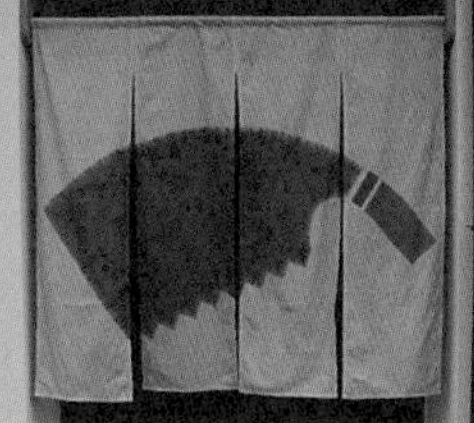

쓰야마의 거리를 물들인 색색
렴. 이 마을의 가게마다 초목
장인 가노 요코 씨의 작품인
들이 걸려 있다.

쓰야마의 전통공예인 가쓰야마
죽세공을 대표하는 젊은 장인
히라마쓰 유키오(215쪽 참조) 씨.
히라마쓰 씨가 만든 대소쿠리는
천연 누룩균을 채취하는 데
꼭 필요하다.

가쓰야마를 감싸
흐르는 아사히가와 강.
다리 위에서 하류 쪽을
보고 찍은 사진이다.
왼쪽에 보이는 구역은
'전통거리 보존지구'.

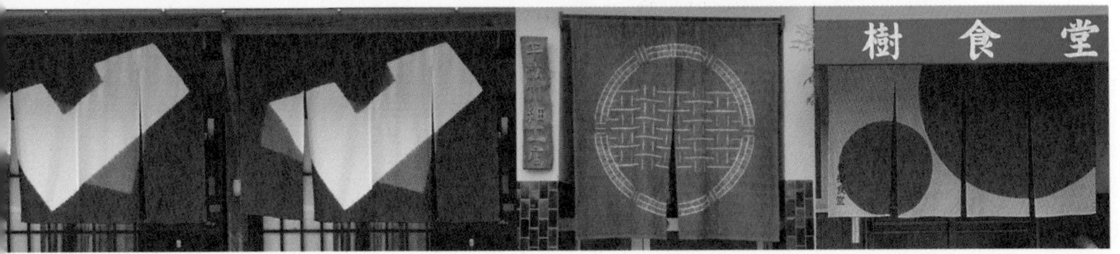

우리 네 식구, 그리고 시골빵집 다루마리에서 일하는 스태프들과 함께.
그들은 하나같이 개성이 넘치는 독특한 재주와 경력의 소유자들로 우리와 함께 부패하는 경제를 키우는 유쾌한 동지들이다.

소중한 삶과 노동의 터전, 시골 빵집 다루마리.

제2부

부패하는 경제

천연균은 살아가는 힘이 없는 것들을 부패시킨다. 리트머스 시험지처럼 생명의 활동을 잘 따른 음식을 선별해서, 자연의 힘으로 억세게 살아가는 것들만 발효시킨다.

어떤 의미에서 부패는 생명에게 불필요한 것들 또한 불순한 것들을 정화하는 과정이 아닐까 싶기도 하다.

우리는 이윤이 아니라 순환과 발효에 초점을 맞춘 부패하는 경제에 도전 중이다.

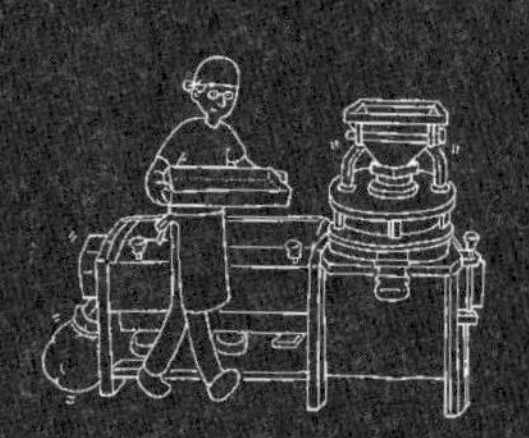

1장

어서 오세요.
여기는 시골빵집입니다

주종 빵이 만들어지기까지 6

'주종 빵이 만들어지기까지 5'에서 뭉개진 쌀을 거른다. 걸러진 액체를 2~3일 그대로 둔다.

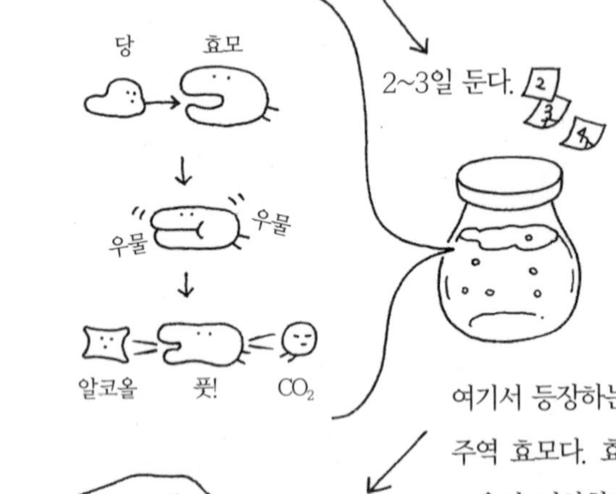

여기서 등장하는 것이 발효의 주역 효모다. 효모는 당을 알코올과 이산화탄소로 분해하는 작용을 한다.

거품이 부글부글 올라오면 주종 완성!

균이 자라고,
아이들이 자라는 마을

"오늘은 있어요?"

"호밀빵 말씀이시죠? 오늘은 있습니다!"

"다행이다. 전엔 없더니……."

"그랬죠? 모처럼 오셨는데 그땐 죄송했어요. 저희 가게는 요일별로 메뉴를 바꾸거든요. 호밀빵은 금요일에 나옵니다. 그런데 호밀빵을 유난히 좋아하시네요?"

"살짝 신맛이 나는 게, 자꾸 당겨요. 중독됐나봐. 또 사러 올게요."

"감사합니다. 또 오세요."

오토바이 여행을 즐기는지 가끔 오토바이를 타고 와서는 호밀빵을 쓸어가는 중년 남성 이야기다.

또 다른 고객은 매주 가게에 들를 때마다 주저 없이 건포도 브레드를 사가면서 한마디씩 칭찬을 해준다.

“하, 이 빵을 한 번 먹고 나면 다른 빵은 입에 댈 수가 없다니까.”

우리 가게에는 다양한 손님들이 온다.

주변에 커피와 맛있는 빵 먹을 데가 마땅치 않다며 목요일마다 카페를 찾아주는 우아한 중년 여성들의 모임도 있다. 그 분들은 건포도 브레드와 스콘, 바나나 케이크를 자주 주문한다.

공방에서 빵을 만들면서 바로 옆 매장에서 마리와 스태프가 손님들과 나누는 이야기를 듣고 있노라면 나는 한없이 행복해진다. 가끔 공방 유리문으로 내다보는 평일의 거리 풍경은 하루 종일 고요하다.

오카야마 현 마니와 시 가쓰야마. 우리 가게가 터를 잡은 이 마을에는 이렇다 할 산업이 없다. 15년 전에 9,500명 정도였던 이 마을 인구는 현재 8천 명이 조금 안 되고, 매년 100명 정도씩 꾸준히 줄고 있다.

2008년 2월에 지바 현 이스미시에서 처음 가게를 연 이후 4년째. 2011년 3월에 일어난 동일본대지진을 계기로 우리는 이곳 가쓰야마로 이주해 2012년 2월에 새 가게를 열었다.

장사하기에 좋은 환경이라고는 할 수 없는 곳을 우리 부부가 선택한 이유는 가쓰야마에 숨어 있는 커다란 보석을 발견했기 때문이다. 산에서 흘러내리는 아사히가와 강과 200년 넘는 역사를 가진 일본술 양조장이 바로 그 보석이다.

발효와 양조 문화가 면면히 이어져온 이곳은 분명 균이 살기 좋은 환경이다. 장인들이 사는 곳이라 ‘만드는’ 일에 자부심을 느끼고, 존경하는 분위기가 넘친다. 또 우리가 빵을 만드는 데 꼭 필요한 고택이 죽 늘어서 있기도 하다. 여기라면 우리의 빵을 예전보다 더 훌륭하게 만들 수 있을 거라고 생각했다.

작은 마을이라서 좋은 점도 있었다. 이곳 사람들 사이에 자연스럽고 쉽게 녹아들 수 있었던 것이다. 우리 부부가 그럴 수 있게 도와준 공로자는 또 있다. 올해(2013년) 여덟 살 된 딸 모코와 네 살 난 아들 히카루다.

마을 어디를 가더라도 사랑 받는 아이들은 이제 이 동네 인기인이 다 됐다. 멀리서 지인들이 찾아오면 모코와 히카루는 사이좋게 마을 안내를 도맡는데, 그때마다 마을 어른들이 상냥하게 말을 걸어주신다.

"아유, 빵집 아이들이로구나. 오늘은 무슨 일로 행차하셨나?"

"손님 안내하는 중이에요."

"세상에, 착하기도 해라."

마을 곳곳에서는 언제나 이런 정겨운 대화가 오간다.

다루마리를 소개합니다

우리 빵집 이름은 '다루마리'다. 이국적이라는 소리를 많이 듣는데,

멋 부릴 생각으로 지은 이름은 아니다. 나 이타루와 아내 마리코의 빵집이라 그렇게 지었을 뿐이다. 그래도 다루마리라는 이름이 우리 가게를 가장 잘 보여주는 것 같다.

나는 빵은 잘 만들지만 배포가 부족한 탓인지 좋은 평가를 받지 못하면 끙끙 앓는 성격이다. 블로그에 비난 글이 올라오거나 생각한 대로 빵이 나오지 않으면 금방 기가 죽는다.

독립하고 얼마 되지 않았을 때 매출은 형편없었다. 나 혼자였다면 가격을 내려서라도 일단 팔고보자는 방식을 택했을 테지만, 마리는 달랐다.

그녀는 심지가 굳어서 주변 여건이나 상황에 흔들리지 않고 든든하게 중심을 잡아준다. 무슨 일만 터지면 금방 상심하는 나에게 따끔한 지적을 해서 나약한 소리가 쏙 들어가게 해준다. 또 중요 사안에 대해서는 절대 물러서는 법이 없다. 그 덕분에 나는 가격에 맞는, 가격을 뛰어넘는 품질의 빵을 만들겠다는 장인정신을 활활 불태울 수 있다.

그렇게 둘이 힘을 합해야 가게가 돌아가니 우리는 말 그대로 2인 3각, 일심동체다. 부부라면 우리처럼 일과 인생이 모두 함께일 때 더 빛을 발하는 것이 아닐까?

가끔은 싸우기도 하지만 마리는 가게 경영을 맡고, 나는 제빵을 맡아 다루마리를 꾸리고 있다. 이렇게 역할을 분담하면 판매자와 제조자가 서로를 헤아리면서도 각자의 입장을 솔직하게 터놓을 수 있는 관계가 형성되어서 좋다. 두 사람이 하나가 될 수 있는 것이다.

우리 둘 중 어느 한쪽이 없으면 그 순간 다루마리는 다루마리가 아니다. 이런 일체감이야말로 우리의 최대 강점일지도 모른다.

우리가 만드는 빵은 다음의 다섯 가지 효모를 이용한 것으로 종류는 30가지에 이른다. 요일마다 서너 종류의 효모로 스무 가지 안팎의 빵을 만든다. 월, 화, 수요일은 휴무다.

- 일본 술 양조에 쓰는 효모로 만든 주종 빵(쫄깃하고 촉촉하면서 살짝 단맛이 나는 빵)
- 통밀에서 효모를 발생시킨 전립분 효모 빵(묵직하고 단단한 프랑스계 빵)
- 호밀을 발효시킨 유산균종으로 만든 호밀빵(산미가 독특한 독일 흑빵)
- 건포도를 발효시킨 건포도 효모 빵 (깔끔한 식감을 가진 빵)
- 맥아(몰트)를 발효시킨 맥주 효모 빵(맥아의 단맛이 은은하게 풍기는 빵)

대표 메뉴는 주종 빵이다. 쫄깃한 식감을 즐기는 사이에 주종이 자아내는 단맛이 입 안에 퍼지는 특징이 있다.

빵의 평균 가격은 400엔이다. 일주일에 사흘은 가게를 닫고 일 년에 한 달은 장기 휴가를 간다. 매달 매상은 200만 엔 안팎인데 한 해를 계산하면 2,000만 엔을 조금 넘는다. 직원은 나와 집사람 마리, 그리고 미나토 군과 미우라 군, 우리 집 아이들 둘까지 합해 모두 여섯

명이다(그 외 아르바이트가 두 사람 있다).

우리 식구의 살림집으로도 쓰는 가게 건물은 2층을 생활공간으로 쓰고, 1층을 공방과 카페, 주방으로 개조해서 쓰고 있다. 거의 다 직접 손을 봤는데, 이 마을에 온 지 1년 이상 흐른 지금은 조금 더 나은 공간을 만들고 싶어서 카페 확장을 포함한 리뉴얼을 준비 중이다. 집이 새로워진다는 생각에 우리 식구들 모두 무척 들떠 있다.

우리 가게 별명은 '희한한 빵집'

사람들은 우리 가게를 '희한한 빵집'이라 부른다. 물론 특색 있는 빵집으로 자리 잡기 위해 브랜딩을 한 적은 없다. 그저 우리가 만들고 싶은 빵을 만들다보니 어느새 색다른 빵집이 되어 있었던 것이다.

우리 부부가 지향하는 빵집은 1부에서 살펴본 '부패하지 않는 경제'의 정반대 개념과 통한다. 규모는 작아도 진짜인 빵집이다.

가급적 우리가 사는 고장의 재료를 쓸 뿐 아니라 환경과 사람, 지역에 의미 있는 재료를 선택한다. 이스트도 첨가물도 섞지 않고, 아무리 어렵더라도 천연효모를 발생시켜 정성껏 빵을 만드는 데 가치를 둔다. 우리는 제대로 된 먹거리에 정당한 가격을 붙여서 그것을 원하는 사람들에게 판다. 또 만드는 사람이 숙련된 기술을 가졌다는 이유로 존경받으려면 만드는 사람이 잘 쉴 수 있어야 하고 인간답게 살 수 있어야 한다고 생각한다.

말로 표현하자면 위와 같지만 이런 바람은 책을 읽고 순식간에 든 생각이 아니고, 하루아침에 실현할 수 있는 이야기도 아니다. 우리는 작아도 진짜인 일을 하는 시골빵집의 미래상을 마음에 그리고 조금씩 채우고, 빼고, 조합해가면서 자잘한 시행착오를 거듭해왔다. 그리고 지금 이 순간도 시행착오를 겪고 있다.

예를 들어 어제까지 잘 부풀던 빵이 오늘 갑자기 부풀지 않을 수도 있다. 환절기나 새로 들여온 재료를 처음 쓰는 시기에는 충분히 그럴 수 있지만, 그럴 때는 균의 목소리에 평소보다 더 주의 깊게 귀를 기울인다. 그러면 균들이 무엇이 문제인지를 알려준다.

시골빵집은 빵을 만드는 방법과 메뉴와 경영법에 끊임없이 변화를 주려 한다.

자연은 항상 날씨, 시간과 함께 순환하면서 평형을 맞춘다. 변하기를 멈춘다는 것은 우리가 균과의 대화를 잊었다는 의미이자 '부패하지 않는 경제'에 더 깊이 발을 들여놓는다는 의미가 된다.

2부에서는 우리 부부가 쌓아온, 그리고 현재 진행 중인 도전을 소개하고자 한다.

시골빵집이 찾아낸 부패하는 경제의 핵심은 크게 4가지다.

- 발효
- 순환

• 이윤 남기지 않기
• 빵과 사람 키우기

자, 오묘한 발효의 세계로 함께 들어가보자.

2장

균의 목소리를 들어라

– 발효

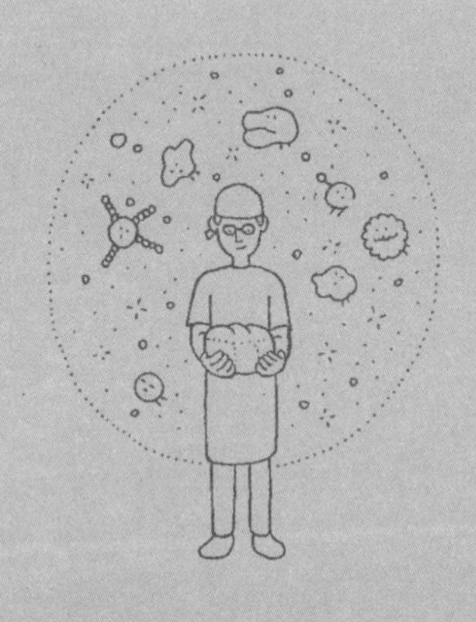

주종 빵이 만들어지기까지 7

빵의 원료는 밀. 다루마리에서는 이 고장에서 수확한 밀을 자가 제분한다. 반죽은 겉껍질과 배아 부분까지 사용하는 전립분과 배유 부분만 사용하는 소맥분을 섞어서 만든다.

제분기

'균'과 '장인'의 한판 승부

흑, 적, 황, 녹……. 어떤 색부터 먹어볼까?

찐쌀에 붙은 색색가지의 곰팡이 비슷한 물질들을 나는 찬찬히 살펴보았다. 직감상으로는 분명 그 중에 누룩균이 있을 것 같았다.

그때 마리가 공방 상황을 살피러 왔다.

"어때, 천연 누룩균은 채취했어?"

"내 감으로는 이 중에 있을 것 같은데 말이야."

"으윽, 이게 다 뭐야. 이건 뭐, 암만 봐도 곰팡이네."

"하나씩 먹어보려는 중이야."

"정말? 여보, 모든 걸 당신에게 맡길게. 난 능력이 부족해. 행운을 빌어요."

'균도 산 생명이고, 나도 목숨이 붙은 생명이다. 생명에 위험한지 여부는 먹어보면 알겠지. 몇 백 년 전 옛날 사람들도 자신의 감각을 믿고 직접 먹어서 확인했음이 틀림없다. 그래, 도전할 수밖에 없어. 게다가 공방 직원은 나 혼자야. 현미경이고 뭐고 제 몸 하나로 구분했을 옛날 사람이 된 셈 치자.'

방자하게 생을 구가 중인 균들과 대치한 나는 미세한 신체의 변화도 놓치지 않으려고 마음을 가라앉히고 잡념을 떨친 후, 감각을 예민하게 만들었다.

먼저 검은색 균. 바들바들 떨면서 한입 맛을 본 그 순간, 서늘한 기운이 등줄기를 관통했고, 당황한 나는 먹은 것들을 뱉어내고는 물로 입을 헹궜다.

그 다음은 노란색. 찔끔! 온몸의 땀구멍에서 식은땀이 솟았다. 퉤퉤! 그 녀석도 아니었다.

그렇다면 이번엔 붉은색이다. 너냐? 찌릿! 혀끝이 저리나 싶더니 전기가 온몸을 훑고 가는 느낌이 들었다. '절대 아니다…….'

남은 건 녹색 하나뿐인데. 슬쩍 핥으니…… 부드러운 단맛이 느껴졌다. 내 몸이 균을 받아들이는 기분이랄까. 이 녀석이 누룩균? 장인의 감으로는 그랬다. 적어도 사람에게 해는 끼치지 않을 듯싶었다.

이제 장인이 할 일은 하나. 이 녀석이 무럭무럭 자랄 수 있도록 도와야 했다. 자칫 목숨을 잃을 수도 있었던 검은색, 노란색, 붉은색 균을 조심스레 걷어내고 누룩균이 살기 좋게 '자리'를 정리해주었다. 그리하여 녹색 균이 자라나는 모양을 지켜보기를 수일. 점차 녹색 균만 쌀에 붙어 증식하는 광경을 볼 수 있었다.

작은 균의
위대한 힘

균은 작디작은 생명체다. 우리가 빵을 만드는 작업을 도와주는 효모, 유산균, 누룩균은 몸길이가 1,000분의 몇 밀리미터에서 100분의 몇 밀리미터 정도다. 효모와 유산균은 세포 하나하나가 살아 있고, 누룩균은 세포가 실 모양으로 나란히 성장하는 다세포생물이다.

균이 작은 정도를 알려면 우주 속의 인간을 생각하면 된다. 육안으로 볼 수가 없으니 균의 존재를 느끼면서 사는 사람은 거의 없다. 사람의 입장에서는 있는지 없는지도 모르는 미미한 존재다. 그래도 이 작디작은 균들은 틀림없이 살아 있고 자연계에서 실로 중요한 역할을 한다. 모든 물질을 흙으로 환원시키는 부패라는 작용이다.

자연계에는 무수히 많은 균이 살고 있고 그 종류도 다양하다. 손가락 끝만한 작은 공간에도 온갖 균이 수천만, 수억, 수백억 개나 북적댄다. 서로 다른 균들이 경쟁하고, 때로는 공생하고, 협력하면서 그들은 음식물에서 에너지를 얻어 생명을 유지하고, 번식 기회를 엿본다.

그 중에는 빵이나 와인, 맥주, 일본 술처럼 인간에게 무척 고마운 음식을 만들어주는 균도 있다. 당분을 이산화탄소와 알코올로 분해하는 '효모', 전분을 포도당으로 분해(당화)하며 단백질을 아미노산으로 분해해 감칠맛을 내는 '누룩균', 알코올을 초산으로 분해하는 '초산균', 당류를 유산으로 분해하는 '유산균' 등이 그 대표적인 존재다. 이들 균이 인류에게 가져다준 혜택을 발효라 한다. 발효란 균이 라는 생물의 생명유지 활동인 것이다.

천연균과 순수 배양균의 차이점

다루마리의 빵은 발효를 만나 커다란 변화를 겪었다. 우리의 소중한 동반자 발효를 천연균과 순수 배양균의 비교를 통해 알아보자.

차이점 ① 자라는 환경

쉽게 말하면 천연효모와 인공적으로 순수 배양된 이스트의 관계는 모든 균에 동일하게 적용된다고 할 수 있다. 둘의 차이는 균이 자라는 환경의 차이를 반영한다.

천연효모의 발효는 무수히 많고 다양한 균들이 서로 경쟁하고 공생하는 환경에서 작용한다. 자신이 살아가는 데 필요한 것은 스스로 확보해야 한다. 다른 균과 싸워 이기기도 해야 한다. 그렇게 환경을 극복하려 하기 때문에 균의 생명력은 강해진다.

그에 비해 순수 배양균은 말하자면 온실 속 화초처럼 자란다. 경쟁해야 할 다른 균도 없고, 살기 위해 얻어야 할 영양분은 가만히 있어도 외부에서 주어진다. 아무런 부족함 없이 살 수 있는 만큼 개체로

서의 생명력은 약하다.

차이 ② 다양성

균의 다양성이 있는지 여부도 천연균과 순수 배양균의 큰 차이점이다. 예를 들어 천연효모가 당분을 분해하는 과정에서 일어나는 발효의 경우, 다종 다양한 균이 혼입된다. 그 결과 유산균은 신맛(유산)을 내고, 다른 어떤 균은 감칠맛이나 단맛을 낼 수도 있다. 발효 과정을 거쳐 만들어지는 빵의 다양하고도 깊은 향과 맛은 다양한 균의 생명활동으로 인해 탄생했다는 말이다.

한편 순수 배양균은 글자 그대로 순수하게 배양된 균이다. 그 속에는 효모만 존재하는데, 효모 중에서도 어떤 특정 성질을 가진 효모만이 증식된다. 그래서 순수 배양된 이스트를 쓰면 오로지 당분을 이산화탄소와 알코올로 분해하는 작용만 일어난다. 그 외의 부분은 일체 배제된다.

차이점 ③ 관리의 어려움

두 번째 차이점을 뒤집어 생각하면 알 수 있듯이 순수 배양균은 다 똑같은 성질을 가졌으므로 관리가 쉽다. 수련 시절에 거친 세 번째 빵집은 슈퍼마켓 안에 빵집을 낸 인스토어 베이커리였는데 냉동 반죽을 사용했다. 멜론 빵이며 크루아상 반죽을 판매되는 모양 그대로 냉동시켜두는데, 해동을 하면 발효가 일어나 적당하게 부풀었다. 냉동을 해도 죽지 않는 효모라는 점이 찝찝하지만, 어쨌든 상황과 사정에 맞춰 얼마든지 컨트롤할 수 있다는 특징이 있다.

그런데 우리 발효로 말하자면, 사람의 사정은 도무지 봐주지 않는다. 균은 균의 사정대로 발효를 일으킬 뿐, 조건이나 재료가 마음에 안 들면 발효는커녕 가차 없이 '썩혀'버린다. 사람이 균의 사정에 맞출 수밖에 없다. 천연균으로 빵을 만든다는 것은 그야말로 그 녀석들과 함께 사는 길을 택한다는 의미다. 그 대신 우리는 균에게서 헤아릴 수 없이 깊은 교훈을 얻는다.

폭풍우 전의 만범순풍

시간을 2009년 4월로 되돌린다. 우리 부부가 지바에 시골빵집을 낸 지 1년 반 정도 흘렀을 때였다.

어느 쾌청한 휴일 오후, 근처 농가에 사는 다나하라 쓰토무[棚原力] 씨가 누군가를 데리고 왔다. 결론부터 이야기하자면 그 덕에 다루마리는 번데기에서 성충으로 탈피할 수 있었지만, 솔직히 천연균에 도전하는 과정은 폭풍우 같은 나날이었다.

"여보게 이타루, 내가 오늘 재미있는 분을 모셔왔네."

같이 온 사람은 자연식품점으로 유명한 '내추럴 하모니'의 사장 가와나 히데오[河名秀郎] 씨였다. 나는 가와나 씨를 몰랐지만 예전에 그의 강연을 들은 적이 있는 마리는 금방 알아보았다.

"가와나 씨, 대단한 분이야. 저 분이 인정해주면 우리 다루마리도 사람들한테 금방 알려질 걸?"

마리는 들뜬 목소리로 귓속말을 했다.

휴일 오후이기도 해서 빵은 다 팔리고 없는 상황이었다. 그런데 무슨 생각에서였는지 마리가 하필이면 실패한 '주종 빵'을 공방에서 마음대로 내어오더니 드셔보시라며 가와나 씨 앞에 내밀었다. 발효가 지나치게 되어서 시큼한 그 빵을 누가 먹는다는 것은 빵 만드는 사람으로서 체면이 안 서는 일이었다. 그래서 절대 아무한테도 맛보게 하면 안 된다고 신신당부를 했건만…….

가와나 씨가 맛을 보는 모습을 새파랗게 질린 얼굴로 바라보고 있는데, 가와나 씨는 "재미있는 일을 하시네요. 공방 좀 보여줘요."라며 오히려 한껏 상기된 표정을 지었다. 주뼛거리며 공방을 안내하자 가와나 씨는 도대체 어디가 마음에 들었는지 "훌륭하십니다. 빵, 우리한테 도매로 주세요."라는 뜻밖의 제안을 했다. 이야기는 급물살을 탔다. 며칠 내로 직원을 보낼 테니 자세한 이야기는 직원들하고 하라는 말을 남기고 가와나 씨는 발길을 돌렸다.

혼자서 연신 "야호!"를 외치는 마리 옆에서 나는 도깨비에 홀린 듯 멍한 채로 가와나 씨를 배웅했다.

마리는 여름이면 태어날 새 생명, 지금의 히카루를 뱃속에 품고 있었다. 전혀 다른 반응을 보이는 우리 부부를 세 살 난 딸 모코는 이상하다는 듯 바라보고 있었다.

'천연 누룩균'을 아십니까?

며칠 후, 약속대로 내추럴 하모니의 직원들이 가게를 찾아왔다. 일본술과 된장, 간장 등을 만드는 생산자와 공동으로 상품을 개발하는 호사카[保阪] 부부였다. 그날의 만남은 우리 부부를 천연균에 대한 도전의 소용돌이 속으로 밀어넣었다.

인사도 하는 둥 마는 둥 끝내더니 부인인 미치코[道子] 씨가 갑자기 선제공격을 날렸다.

"와타나베 이타루 씨, 균에 대해서는 얼마나 알고 계십니까?"

솔직히 내 귀를 의심했다. '이보세요. 내가 이래 봬도 천연효모 빵집 사장입니다. 주종도 직접 채취해서 쓰는 사람이란 말이에요. 평범한 빵집이야 효모 정도밖에 모르겠지만, 우리는 유산균, 누룩균까지 공부해요. 사람을 어찌 보고. 생산자를 찾아와서 실례가 이만저만이 아니네요.' 속에서는 화가 치밀어올랐지만, 꾹 참고 균에 관해 아는 내용을 모조리 자랑스레 설명했다.

'어때, 좀 놀라셨나?' 하는 표정을 짓는 나에게 미치코 씨는 얼굴색 하나 변하지 않고 내 말을 일축했다.

"아니요. 제가 여쭙고 싶었던 건 그게 아닙니다. 천연 누룩균에 대해서 얼마나 아시느냐고 여쭌 건데요."

"천연 누룩균이라고요?"

처음 듣는 단어에 머릿속이 갑자기 하얘졌다. 그래도 무슨 말을 묻고 있는지 어렴풋이 상상은 할 수 있었다. 효모에도 천연효모와 순수 배양 이스트가 있고, 유산균에도 천연 유산균과 순수 배양 유산균이 있다. 그렇다면 누룩균도 천연 누룩균과 순수 배양 누룩균이 있다 한들 이상하지 않을 터.

우리 가게에서는 시판되는 누룩으로 주종을 채취하고 있었다. 누룩이란 쌀을 누룩균으로 발효시킨 것이다. 감주나 된장의 원료로도 이용된다. 발효된 상태에서 팔린다는 것은 누룩균이 어떤 상태인지 모른다는 의미다. 설마…….

나의 동요를 눈치 채자마자 카리스마를 뿜어내던 그 여성은 숨쉴 틈도 아깝다는 듯이 '천연 누룩균'에 관해 설명해댔다.

시판되는 누룩은 누룩균을 순수 배양한 종곡(種麴, 누룩을 만드는 씨가 되는 것)으로 쌀을 발효시킨다. 그 종곡을 만드는 데가 '누룩 집'이라 불리는 회사이고 일본 전국에 열 군데 정도밖에 없다. 일본 술이건 된장, 간장이건 누룩균을 이용하는 양조의 세계에서는 빵의 이스트처럼 순수 배양된 종곡을 사용하는 일이 당연시되는 상황이었다. 천연 누룩균으로 양조작업을 하는 곳은 거의 없었다. 미치코 씨는 누룩균과 관련한 이런 현실을 힘주어 말했다.

나는 한편으로는 그녀의 아우라에 압도당했고 다른 한편으로는 천연 누룩균을 지금껏 몰랐던 나의 무지를 깊이 반성했다. 가게를 낸 이후 효모는 물론 유산균까지 천연균만 쓰겠다고 결심했고, 그랬기 때문에 주종 빵은 다른 가게에서 맛볼 수 없는 다루마리의 대표 상품이라고 생각했지만, 누룩균에 관해서는 완전히 깜깜한 상태였다. 이게 무슨 창피란 말인가.

미치코 씨는 마지막으로 한마디를 남겼다. 그리고 그 한마디는 나의 장인 정신에 뜨거운 불을 지폈다.

"저는 천연균 상품을 개발 중입니다. 그런데 천연 누룩균으로 빵을 만든다면 틀림없이 일본 최초, 세계 최초가 될 거라고 생각합니다."

세계 최초라고? 의욕이 솟구쳤다. 무슨 일이 있어도 해내고 싶었다.

"알겠습니다. 내, 오기로라도 천연 누룩균으로 주종 빵을 만들어 보이지요."

그 길이 얼마나 험난한지는 알지도 못하면서 덥석 그녀가 던진 미끼를 물었다. 천연 누룩균 빵에 도전하기로 결정한 것이다.

누룩균이 만들어낸 식문화

"누룩균이라니 곰팡이의 일종 아니야? 으윽, 기분 나빠."

누룩균은 고온다습한 동남아시아 등지에서 이용된 곰팡이 균의 일종이다. 그 점을 아는 마리는 누룩균이라는 말만 들어도 뒤로 내뺄 태세였지만 천연 누룩균에 도전하겠다는 내 생각은 흔쾌히 받아들여 주었다.

"천연 누룩균에 도전하고 나서는 당신 낯빛이 달라졌다고나 할까, 굉장히 생기가 돌아."

거듭된 실패로 걱정과 고생을 많이 시켰지만 마리는 언제나 나를 강력히 지지해주었다.

누룩균은 일본 식문화의 바탕이라고 해도 과언이 아니다. 된장, 간장, 일본 술, 식초(쌀 식초), 미림……. 이 모두는 몸길이 100분의 몇 밀리미터 정도인 포자모양 누룩균 덕에 맛볼 수 있다.

누룩균으로 술이나 식품을 만든 것은 일본의 독특한 문화다. 일본 외에는 누룩균을 이용한 발효문화가 크게 발달되어 있지 않다. 그래서 천연 누룩균으로 빵을 만든다면 일본 최초인 동시에 세계 최초도 된다. (한국 술인 막걸리는 누룩균이 아니라 그와 가까운 '거미줄곰팡이'로 양조한 술이다.)*

누룩균은 일본의 '국균(國菌)'이라고도 하며 '누룩 국(麴)' 대신 '누룩 화(糀)'라는 일본 독자적인 한자를 쓰기도 한다. '쌀꽃'이라는 의미의 이 글자의 유래는 '누룩균'이 쌀에 번식하면 표면에 오묘한 연둣빛 꽃이 핀 것처럼 보이기 때문이다.

일본의 독특한 식문화는 일본에 누룩균이 있었기에 꽃피울 수 있었다. 바로 그 점이 상징하듯 균은 그 지역과 떼려야 뗄 수 없는 관계

* 거미줄곰팡이(rhizopus nigricans)로 양조한 막걸리는 발효산물로 유산균을 만들기 때문에 신맛을 내지만, 입국(누룩곰팡이, Aspergillus oryzae)을 사용한 막걸리는 신맛이 거의 없고 단맛을 내며 저온 유지를 통해 담백한 맛을 더하게 된다. 따라서 최근에는 우리나라 막걸리 제조사들이 누룩곰팡이를 강화한 입국을 주로 쓰는데, 일본에 있어 생산할 때마다 로열티를 지불하고 있다. – 편집자

에 있으며, 발효란 그 지역의 균에 의해 일어나는 것이 자연스러운 현상이다.

일본의 식문화를 있게 한 누룩균은 그 역사도 깊다. 나라 시대(710~784년)의 문헌에 '쌀누룩'을 만들었음을 엿볼 수 있는 기록이 보인다. 쌀누룩과 관련된 산업도 지금으로부터 600여 년 전인 무로마치 시대(1338~1573년)의 교토에서 발달했다. 학문의 신 스가와라노 미치자네(菅原道真, 845~903년, 헤이안 시대의 학자이며 시인이자 정치가-옮긴이)로 유명한 기타노 덴만구[北野天満宮] 신사에는 누룩균을 배양한 종국을 술집에 독점적으로 판매하는 특권이 주어졌다. 빵의 세계에서 이스트가 당연시되기 수백 년 전에 일본에서는 누룩균의 순수 배양이 당연시되었던 것이다.

이 제도는 무로마치 시대의 권력투쟁 과정에서 사라졌지만 에도시대(1603~1868년)에는 각 번의 다이묘에게 종국의 제조·판매를 허락받은 '누룩 집'이라는 형태의 장사가 있었다. 지금 일본 전국에 열 군데 정도 되는 누룩 제조업체도 알고 보면 그 옛날부터 성업했던 것이다.

빵이 부풀지 않아…….

미치코 씨에게 큰소리를 친 것까지는 좋았는데 천연 누룩균에서 주종을 만드는 길은 멀기만 했다. 공부 외에는 방법이 없었다.

운 좋게도 지인 중에는 천연 누룩균으로 일본 술을 만드는 사람이 있었다. 데라다 혼케[寺田本家]라는 양조회사의 자제인 데라다 마사루[寺田優] 씨였다. 나는 그를 찾아가 천연 누룩균의 채취와 발효 방법을 물었고, 주종 개발 때 공부했던 책을 꺼내서 몇 번이고 다시 읽었다.

시판되는 누룩을 사서 예전처럼 주종 빵을 만들면서 누룩 회사에서 들여온 종국으로 직접 누룩을 만들어보는 실험도 시작했다. 그러기를 반 년. 종국에서 누룩을 안정적으로 뽑아낼 수 있게 되었다.

나는 곧 다음 단계 실험을 진행했다. 자가 채종한 천연 누룩균으로 된장을 만드는 '마루카와 된장'이라는 된장회사에서 천연 누룩을 받아와 주종 빵을 만든 것이다. 동시에 시판 누룩으로 주종 빵을 만드는 작업은 그만두었다.

2010년 2월 중순에는 천연 누룩으로 만든 주종이 알맞게 발효되는 기쁨을 맛보았다. 마침 시기적으로도 발효식품을 빚기에 가장 좋은 계절이었다. 틀림없이 빵도 잘될 거라는 기대감을 안고 주종을 빵 반죽에 섞었다.

다음날 밤, 반죽 상태가 궁금해서 안절부절못하던 나는 마리와 모코, 히카루가 잠든 틈을 타 공방으로 갔다. 그런데 이게 웬일인가? 상상도 못한 결과가 벌어져 있었다. 반죽은 점성도 탄력도 없이 흐물흐물한 상태였다. 아무래도 밀의 단백질(글루텐)이 분해된 것 같았다. 이래 가지고는 절대 부풀어오를 리가 없었다.

배합에 문제가 있었을 거라 생각하고 다음날도 천연 누룩으로 만든 주종으로 반죽을 했지만 결과는 마찬가지였다. 그 다음에도 수분량을 조절하거나 발효 온도를 바꾸는 등 조건을 변화시켜가며 몇 번이고 시도했지만 결과는 역시 실패였다.

"도대체 왜 안 되는 거야?!"

실패가 거듭되자 새벽녘 공방에서 혼자 고함을 지르며 좌절감에 빠지는 날도 늘었다.

매일 만들던 빵이 왠지 전혀 만들어지지 않았다. 나의 기술이 미숙한 탓인지, 지식이 부족한 탓인지 알 수 없었다. 게다가 타개책도 보이지 않았다. 나 자신이 한심했고, 화가 났다. 가게의 앞날도 걱정되었다. 마음이 참 복잡했다.

"여보, 미안. 오늘도 주종 빵은 못 구웠어. 가게 잘 부탁해."

"여기 이건 팔아도 되지 않아?"

"안 돼, 안 된다고 했잖아! 말 좀 들어!"

아이들 문제며 가게며, 모든 일을 다 맡아서 뒷받침해주는 마리에게 나도 모르게 모진 말이 나왔다. 그런 나 자신에게는 점점 더 짜증이 났다.

출구가 보이지 않은 채로 한 달이 지나고, 두 달이 지났다.

그러던 어느 날, 가와나 씨를 우리 집에 데리고 왔던 이웃의 다나하라 씨가 도움의 손길을 내밀었다.

"쌀 말인데, 이걸로 한번 써봐. 좋은 거니까 분명 잘될 걸세."

쌀자루에는 '자연재배 쌀'이라는 글귀가 붙어 있었다. 그때까지 나는 '유기재배 쌀'로 주종을 만들고 있었다.

자연재배와 천연균

자연재배라는 말은 알고 있었다. 다나하라 씨만 해도 자연재배로 농사를 지었고, 우리는 그 집에서 자연재배한 밀을 사서 썼기 때문이다.

그렇지만 부끄럽게도 우리는 그 말의 정확한 의미를 전혀 모르고 있었다. 다나하라 씨에게 물어보니 이런 이야기를 해주었다.

"자네, '기적의 사과'로 유명한 기무라 아키노리[木村秋則]라는 사람 알지?"

"아 예, 얘기는 들었지요……."

기무라라는 사람은 NHK의 다큐멘터리 〈프로페셔널-프로의 방식〉에 출연한 유명한 농부다. 프로그램의 반향이 커서 훗날 『기적의 사과』(김영사 역간)라는 제목으로 책도 내었다.

"쉽게 말하면 자연재배가 바로 그 이야기야. 그 책에서는 무농약으로 사과농사를 짓는다는 데 비중을 뒀지만, 무비료라는 점도 중요한 포인트거든."

"어떻게 중요한데요?"

"기무라 씨가 찾아낸 것처럼 산과 들에 자라는 나무나 꽃은 사람이 비료를 안 줘도 꽃을 피우고 열매를 맺지. 식물이 뿌리를 내린 토양에 수많은 벌레, 균류, 미생물들이 사는 풍부한 생태계가 있고, 그 덕에 식물이 잘 자라니까 건강한 열매를 맺을 수 있는 거야. 비료는 없어도 토양 조건만 좋으면 작물은 자라게 되어 있어. 비료를 안 주고 작물이 제 힘으로 자라게 하는 게 자연재배의 제일 큰 특징인 셈이지."

"그렇게 하면 뭐가 어떻게 되는데요?"

"비료를 안 준 작물은 살기 위해서 흙에서 양분을 얻으려고 필사적으로 뿌리를 내리지. 작물 스스로가 자기 안에 숨은 생명력을 최대한 발휘해서 살아보려 한다는 거야. 그 생명력이 자손을 남기기 위한 과실이나 씨앗으로 결실을 맺는 거지. 밀이나 쌀로 치면 생명을 계속 이어가기 위해서 한 톨 한 톨에 모든 생명력을 응집시킨다는 말이야. 우리같이 자연재배를 하는 농사꾼들은 바로 그런 메커니즘 때문에 작물에 강한 생명력이 깃든다고 믿는다네."

"비료도 농약도 안 쓰면 농사꾼은 무슨 일을 하죠?"

"내가 자연재배 얘기를 하면 열이면 열, 그것부터 묻더라고. 농사꾼은 땅을 만들지. 산과 들에 식물이 뿌리를 내린 경우를 보면 그 땅은 수분을 많이 함유하고 있어. 그래서 부드럽고 따뜻하다네. 그런 땅을 만들어주면 식물은 자연히 자기 힘으로 자라게 되지. '자란다'는 게 포인트야. 비료를 줘서 키우는 게 아니고 자라게 하기 위한 땅을 만드는 거지. 환경을 만들어주는 작업, 그게 자연재배의 핵심적인 일이야."

"그렇군요."

"자네가 한다는 천연균 발효도 비슷하지 않을까? 나야 농부니까 발효는 잘 모르지만 말이야. 자네가 전에 말했잖아. 균을 얻기 위해서는 새 자재로 지은 건물이 아니라 고택이 필요하다고. 화학물질을 사용한 건축자재 때문에 균이 살 수 있는 환경의 균형이 깨진다고 말이야. 작물이나 균이 자라기 위한 터를 만든다는 의미에서는 자연재배와 천연균이 같은 이치라고 생각하네. 그러니까 자연재배하고 천연균은 분명 궁합이 좋을 거야."

다나하라 씨는 이런 이야기도 해주었다. 예전에 자연재배로 채소 농사를 짓던 밭에서 농업대학과 농학 연구자들이 토양조사를 했는데, '이 땅은 양분이 모자라서 절대 농사는 못 짓는다.'는 결과가 나왔다고 한다. 눈앞에서 싱싱한 당근과 무가 자라고 있는데도 그들은 엉뚱한 결론을 내렸다. 과학의 눈으로만 보면 불가사의한 간극일 수도 있다. 하지만 나는 그 간극을 설명할 수 있는 열쇠가 바로 생명력이라고 생각한다.

최고의 궁합이 만들어낸 천연 누룩균 빵

2010년 5월의 어느 화창한 날. 나는 신에게 기대는 심정으로 다나하라 씨에게 받은 자연재배 쌀로 주종을 만들었다. 온화한 봄기운 속에서 주종은 약 한 달 만에 완성되었다. 술을 담기에는 충분한 맛이었다. 하지만 과연 이것으로 빵을 만들 수 있을까? 이것마저 실패하면 가게를 접겠다는 생각으로 주종 빵 반죽을 만들었다.

운명의 시간이 다가왔다.

다음날, 지금까지의 실패가 모두 거짓말이라는 듯 반죽은 주종의 효모가 뿜어내는 이산화탄소를 살포시 끌어안고 부드럽게 부풀어올라 있었다.

빵을 굽자 그 조화는 더욱 빛을 발했다. 그 중에서도 일본식빵은 반죽이 빵틀을 헤집고 터져나올 듯 풍성하게 부풀어올랐다.

"세상에……."

그 모습에 마리와 나는 잠시 할 말을 잃었다.

결과가 모든 것을 말해주었다. 시판 누룩으로 주종을 만들었을 때는 보지 못한 광경이었다. 마치 반죽 자체가 살아 있는 것 같았다.

우리 부부의 눈에는 천연균과 자연재배 작물이 손을 잡고 기뻐하는 것처럼 보였다. 둘 다 '내면의 생명력'을 꽃피우는 데 뛰어나니 그야말로 최고의 궁합이었다. 발효 과정에서 균과 작물의 생명력은 서로가 서로를 자극했고, 덧셈을 넘어 곱셈의 결과를 일으킨 덕에 크고 강해진 것 같았다. 그것 말고는 그 압도적인 결과의 차이를 설명할 길이 없었다. 천연균과 자연재배는 우리 부부만큼이나 최고의 조합이었다. 나는 이 기술을 끝까지 파고들어 최고의 빵을 만들고 말리라 결심했다.

천연 누룩균 빵에 도전했던 고난의 날들이 수많은 실패와 시행착오 끝에 최고의 무기가 되어 다가온 것이었다.

발효와
부패의 경계

그 후로도 우리는 실험을 계속했다. 자연재배 쌀로 주종을 만드는 기술을 안정화시킬 필요가 있었기 때문이다. 또 한편으로는 혹시 유기재배 쌀로도 방법에 따라서는 좋은 주종 빵을 만들 수 있을지 모른다는 생각이 들었기 때문이기도 하다(일괄 구매한 쌀이 남아 있었기에 기술로 극복하고 싶었다). 그래서 유기재배 쌀과 자연재배 쌀로 주종을 동시에 만들며 시행착오를 거듭했다.

그랬더니 그때까지 몰랐던 또 하나의 큰 차이가 드러나기 시작했다.

주종을 만들 때는 유산균의 작용으로 유산을 발생시키는 유산발효 공정을 거쳐야 한다. 환경을 산성으로 만들어 잡균의 번식을 막기 위해서다. 술을 담을 때는 미리 만들어둔 유산을 첨가하는 경우가 많지만, 다루마리는 공기 중의 천연 유산균이 쌀에 내려앉기를 기다리는 방식을 쓴다. 그런데 그 공정에서 유기재배 쌀과 자연재배 쌀에 큰 차이가 있었다.

유기재배 쌀을 썼을 때는 유산발효가 일어날 때 쌀이 악취를 풍기고 부패하는 일이 종종 있었다. 겨우 부패를 피해 발효로 들어섰다

해도 심한 퇴비 냄새가 코를 찔렀다. 재래식 화장실 냄새라고 하는 편이 이해하기 쉬울 것 같다. 코를 막지 않으면 작업이 불가능할 정도였는데, 일본 술 관련 책을 보면 이렇게 유산발효시킨 것을 '술밥', '썩은 술밥'이라 부른다고 나와 있다. 더구나 썩은 술밥이라는 이름은 강렬한 냄새 때문이라고 쓰여 있다. 냄새가 나는 것이 당연하다고 생각했었지만 그 정도일 줄은 몰랐다.

그런데 자연재배 쌀은 그 과정에서 쌀이 부패하지도 않았고, 퇴비 냄새를 풍기지도 않았다. 항상 멋들어진 '유산발효'로 끝났다. 게다가 새콤달콤한 요구르트의 상큼한 향이 났다. 코를 막을 필요가 전혀 없었다.

천연 유산균은 유기재배 쌀을 부패시키고, 자연재배 쌀을 발효시킨다. 또한 천연 누룩균과 유기재배 쌀의 조합으로는 빵 반죽을 만들 수 없지만, 자연재배 쌀과 조합하면 훌륭한 빵 반죽이 탄생한다.

유기재배 쌀과 자연재배 쌀의 이런 차이는 무엇을 의미할까?

균의 보이지 않는 손

균이 그 답을 가르쳐주었다.

자기 안에 있는 힘으로 자라고, 강한 생명력을 가진 작물은 발효를 하게 된다. 생명력이 강한 것들은 균에 의해 분해되는 과정에서 생명력을 유지하여 생명을 키우는 힘을 그대로 남겨둔다. 그래서 식품으로서도 적합하다.

반대로 외부에서 비료를 받아 억지로 살이 오른, 생명력이 부족한 것들은 부패로 방향을 잡는다. 생명력이 약한 것들은 균의 분해 과정에서 생명력을 잃는다. 그래서 음식으로서는 그다지 적합하지 않다.

우리가 들여온 유기재배 쌀은 대량의 동물성 퇴비(단백질)를 먹고 자랐다. 그래서 영양과다 상태, 생명력이 약한 상태였던 것이다. 산과 들에는 대량의 동물성 퇴비 따위는 없다. 따라서 작물에 단백질이 포함되는 비정상적 사태를 천연 누룩균이 감지하면 '이상하다. 분해해서 흙으로 되돌리자.'라는 작용이 일어나는 것이다. 즉 자연의 균형이 무너진 상태를 해소하기 위해 천연 누룩균이 단백질을 분해하러 달려들게 되고, 그 탓에 밀에 포함된 단백질(글루텐)까지 모조리 분해되어 빵이 부풀지 못하는 것이다.

천연균은 작물의 생명력이 얼마나 강한지를 알아본다. 리트머스 시험지처럼 생명의 활동을 잘 따른 음식을 선별해서, 자연의 힘으로 억세게 살아가는 것들만을 발효시킨다. 천연균은 살아가는 힘이 없는 것들을 부패시킨다.

어떤 의미에서 부패는 생명에게 불필요한 것들 또는 불순한 것들을 정화하는 과정이 아닐까 싶기도 하다.

이런 나의 생각은 미야자키 하야오 감독의 애니메이션 〈바람 계곡의 나우시카〉에 나오는 '후카이[腐海]'라는 숲의 이미지와도 닮았다.

후카이 숲은 인간에게 유해한 기운과 더러워진 흙을 정화시켜서 자연계의 균형을 회복시키려 한다. 아마도 그와 같은 일이 부패라는 작용에서도 일어나고 있는 것 같다.

강렬한 악취를 풍기며 부패해 빵 반죽을 허물어지게 만드는 유기재배 쌀. 그리고 상쾌한 향을 내며 발효해 빵 반죽을 훌륭하게 부풀린 자연재배 쌀.

그 차이는 서로 다른 두 쌀이 생명 활동에 잘 들어맞는지 아닌지를 보여준다.

사람들의 사정은 균과는 무관하다. 사람이 돈을 많이 벌기 위해, 작물을 조금이라도 더 빨리 많이 키우기 위해 비료를 투하하면 겉으로 보이는 수확량은 늘어도 작물의 생명력은 떨어진다. 균은 그런 인간의 어리석은 행위를 놓치지 않는다. 그런 작물은 부패시켜서 자연으로 돌려놓으려 한다.

인간은 균을 속일 수 없다. 균은 토양과 작물의 상태를 숨김없이 드러낸다. 자연재배한 작물이라도 논밭에서 예전에 동물성 퇴비가 사용됐다면 작물에 혼입되는 단백질을 통해 그 사실을 알아챈다. 균에게 중요한 것은 얼마나 화려한 방식으로 수확했는지 하는 상표가 아니라 그 작물이 자연의 활동에 따랐는지 여부다.

균의 보이지 않는 손에 맡기면 답은 자연히 얻어진다. 모든 것은 균의 마음에 달렸다.

균이
좋아하는 일

자연재배라는 최고의 파트너를 얻으면서 빵이 부풀지 않는 시련을 극복했던 시기는 개업 3년째인 2010년 5월이다. 머지않아 장마철이었다. 고온다습한 환경을 좋아하는 누룩균이 번식하기에는 더없이 좋았다. 그래서 나는 만반의 준비를 하고 천연 누룩균을 자가 채종해 주종 빵을 만드는 데 도전하기로 했다.

우선은 토착 균으로 쌀누룩을 만들었다. 우리가 살던 집 뒤편에는 대숲이 울창했는데, 그 땅의 표면에 하얗고 끈적거리는 토착 균이 잔뜩 번식해 있었다. 딱 보기에도 곰팡이 덩어리 같았다.

그 토착 균으로 쌀누룩을 만들 수 있다는 근거는 전혀 없었지만 나는 왠지 할 수 있을 것 같았다. 굳이 말하자면 직감이 근거였다. 누룩균도 곰팡이의 일종이니 뭔가 실마리를 얻을 수 있을 거라 기대한 것이다.

가마쿠라 시대(1192~1333년)와 무로마치 시대(1336~1573년) 사람들은 현미경도 없었을 테고 발효학도 몰랐을 텐데 누룩균과 효모, 유산균의 힘을 빌려서 술을 빚었다. 옛날 사람들이 했는데 우리라고 못하겠는가. 만약 불가능하다면 그 이유는 사람들의 감성이 쇠퇴하고 인간이 퇴화했기 때문이 아닐까?

"여보, 힘내요!"

그 무렵에는 마리도 누룩균이 우리 빵집에 꼭 필요하다는 것을 이해하고 응원해주었다. 하지만 균과 씨름하는 일은 역시 내 몫이었다. 태어난 지 얼마 안 된 히카루를 업고 대숲으로 들어가는 나를 마리와 모코는 활짝 웃으며 배웅해주었다.

찐쌀에 토착 균을 섞자 금방 '누룩' 꽃으로 보이는 꽃이 피었다. '뭐가 이리 쉬워?' 하는 생각이 들었다. 약간 김은 샜지만 어쨌든 그걸로 주종을 만들었더니, 그마저 단박에 주종 비슷한 물질이 완성되었다. 하지만 역시 그리 쉬울 리가 없었다. 슬쩍 맛을 보니 시어도 너무 시었다. 제대로 된 누룩균이라면 쌀의 전분을 당화시켜 단맛이 나야 하는데, 이렇게 시어서는 당분을 먹고 사는 효모에게는 틀림없이 좋은 환경이 아닐 거라 생각했다. 결국 그 방법은 버렸다.

그 외에도 다양한 방법을 시도했다. 벼이삭에 붙어산다는 '이삭누룩'을 채취해 찐쌀에 섞기도 하고, 한국 술인 막걸리 담는 법을 찾아보고 쌀겨 뭉치를 만들기도 했다. 쌀겨에 공기 중의 균이 붙어서 번식하기를 기다린 것이다. 모두 '쌀누룩' 비슷한 것이 생겼고 그걸로 주종 비슷한 물질을 얻었지만 빵을 만들기에는 여러 모로 부족했다. 당화력이 약하지 않으면 단백질 분해력이 너무 강해 밀 단백질까지 죄다 분해해버리는 식이었다.

손을 대는 족족 실패로 끝날 무렵 호사카 씨와 그 부인 미치코 씨에게 상담을 했더니 이런 조언을 해주었다.

"방법은 하나예요. 균들이 좋아하는 일을 하는 거죠. 자연환경에 지극히 가깝게 만들어줘봐요. 플라스틱 용기도 쓰지 말고요."

역시 탁월한 지적이었다. 그때 우리는 플라스틱 쌀통을 썼는데, 균이 이 세상에 등장했을 때 플라스틱이 있었을 리 만무했다. 우리는 즉각 균들에게 불편한 환경일 거라는 판단을 내렸다.

그래서 생각해낸 것이 집 뒤에 있는 대숲이었다. 대는 원래 자연계에 있었던 물질인 데다가 잡균을 억제하는 작용을 한다고 들은 적이 있다. 초밥에 조릿대 잎을 까는 것도 항균작용이 있기 때문이라는 것이다.

그래서 나는 대를 꺾어다가 한 마디 정도 길이로 자른 후 반으로 쪼개 그릇을 만들었다. 그러고는 그 속에 찐쌀을 넣어두었다.

궁금해서 밤중에 살짝 들여다봤더니 찐쌀에서 '뽁, 뽁' 하는 소리가 났다. 그 소리가 대 그릇 안에서 미묘하게 울리면 '통, 통' 하고 그릇을 치는 것처럼 들리기도 했다.

균들이 기뻐하는 소리였다. 그렇게 느껴졌다.

며칠 그대로 두었더니 지난 실패를 한꺼번에 보상하듯 균이 왕성하게 번식한 모습을 확인할 수 있었다. 초록, 검정, 노랑, 빨강 등 곰팡이같이 생긴 색색가지 균이 쌀의 표면을 빈틈없이 뒤덮고 있었다.

균을 찾겠다고 밤낮으로 밖을 헤매고 돌아다녔지만, 결국 자연의 힘에 맡기고 공기 중의 균이 내려와 터를 잡기를 기다려야 한다는 중요한 교훈을 깨닫게 되었다.

발상이 크게 전환된 순간이었다.

균을 중심에 두는 '균 본위제' 빵

그 후 누룩균을 직접 먹어본 일에 대해서는 이 장 시작 부분에서 언급한 대로다. 내 몸의 반응 하나만 믿고 골라낸 녹색 균으로 시험 삼아 만들어본 주종은 예상보다 훨씬 잘 나왔다. 주종 빵도 개량할 여지는 있었지만 성공적이었다.

틀림없이 앞으로는 더 잘될 거라 확신하고 시행착오를 거듭하기를 수개월. 2010년 말에 드디어 빵다운 빵이 만들어졌다. 호사카 씨와 미치코 씨 부부에게 덜컥 호언장담을 하고 천연 누룩균에 도전한 지 1년 8개월이라는 시간이 지나 있었다.

그런데 자가 채종한 천연 누룩균으로 만든 주종 빵은 고생 끝에 이룬 성과이기는 했지만 맛이라는 측면에서는 아직 완전하지 못했다. 깊은 맛이 없다고 해야 할지, 잡맛이 난다고 해야 할지 모르겠지만, 어쨌든 아직도 무언가가 부족했다.

"이것보다 더 잘 만들려면 물을 바꿔보는 수밖에 없겠네요."

미치코 씨가 그런 말을 할 때는 그저 웃었지만, 그 뒤로 그 한마디가 계속 귓전을 맴돌았다. 그로부터 수개월 후인 2011년 3월 동일본 대지진이 터졌다. 우리는 고민 끝에 좋은 물을 찾아 가쓰야마로 이사를 가기로 결정했다. 균의 목소리를 존중한 결단이었다.

지금도 문제가 생기면 오로지 균의 소리에만 귀를 기울인다. 그 장소에 사는 균은 무슨 말을 하는지 잠자코 듣는 것이다. 균은 아주 작은 생물이라 목소리도 작지만 말수도 적다. 균들이 내는 소리를 들으려면 감각을 아주 예민하게 곤두세워야 한다.

소리를 들었으면 남은 일은 그에 따르는 것뿐이다. 우리는 그렇게 빵을 만든다. 균이 살기 좋게 공방의 환경을 만들고, 균이 좋아하는 재료를 찾는다. 외부의 돈을 빌려와 자기 경제를 운용하는 것처럼 순수 배양균의 힘에 빚을 지는 길은 가지 않는다. 대신 함께 사는 균을 존중하고, 시행착오를 계속하면서 균이 좋아하는 빵을 만든다.

균을 중심에 둔 이 방식을 우리는 '금 본위제'가 아닌 '균 본위제'라 부른다. 자연의 소리를 듣는 자연 중심의 빵. 균의 마음 그대로 균의 보이지 않는 손에 따르는 방식이기도 하다.

잠재능력을 끌어내는 '빼셈'의 힘

순수 배양균의 힘을 빌려 쓰지 않겠다는 생각과 통하는 원칙이 또 있다. 우리는 설탕, 버터, 우유, 계란을 배제한 '빼셈' 방식으로 빵을 만든다.

보통 빵집에서는 대개 이런 부재료를 사용하는 것이 상식이다. 반죽을 촉촉하고 부드럽게 해주고, 풍부한 풍미와 향을 내며, 반죽의 노화를 막으면서 다루기도 쉬워지기 때문이다.

설탕만 봐도 쉽게 알 수 있다. 설탕은 효모의 영양 공급원이다. 사람으로 치자면 자양강장제에 해당한다. 효모는 당분이 있으면 움직임이 활발해지기 때문에 재료가 좋고 나쁘고를 따지지 않고 발효를 활성화한다. 따라서 순수 배양해서 발효력이 세진 이스트를 쓰고, 거기에 설탕을 첨가한 후 발효를 활성화하는 발효촉진제를 더한다는 것은 약물을 복용시킨 육상선수에게 핏발을 세우고 전력질주하도록 요구하는 것이나 다름없다.

아무리 생각해도 생명 친화적이지 않다.

이런 방식이 상식이 된 이유는 사람들이 '덧셈'이라는 방식에 집착하기 때문이다. 사람들은 천연효모를 쓰면 발효가 안정적이지 않으니까 강한 발효력을 지닌 이스트를 개발했다. 균을 빌려와서 쓰는 것이다. 그랬는데도 발효력이 부족하다 싶으니 이번에는 설탕으로 영양을 듬뿍 공급했다. 결국에는 발효촉진제까지 쓰는 지경에 이르렀다.

하지만 그렇게 하지 않아도 쌀이나 밀은 단맛의 원천(전분)을 충분히 가지고 있다. 그 잠재능력을 끌어내는 길은 설탕을 '빼는' 방법이다.

이때 전분을 당화시키는 누룩균은 큰 역할을 한다. 그 외에도 맥아가 가진 전분 당화효소를 이용하거나 뜨거운 물로 전립분을 반죽해 밀 전분을 분해하는 등 다양한 방법을 함께 쓰거나 구분해 쓰면 쌀과 밀에 숨어 있는 단맛을 끌어낼 수 있다.

내가 좋아하는 『북두의 권』이라는 만화에 이런 문구가 나온다. 잠재능력을 끌어내는 작업이 얼마나 중요한지를 말하는 대목이라 소개한다. "보통 사람은 자신의 잠재능력을 30%밖에 못 쓰지만 북두신권은 나머지 70%까지 쓴다는 데 비밀이 있다."

빵도 마찬가지 아닐까? 기술과 감성을 갈고 닦으면 재료의 잠재능력을 충분히 끌어낼 수 있는 것이다.

같은 땅에서 자란 균과 재료

이런 원칙은 균과 재료의 관계에도 똑같이 적용된다. 균과 재료는 같은 땅과 물과 공기 속에서 자란 것이 좋다. 같은 땅에서 자란 균과 재료는 발효가 워낙 자연스레 이루어져서 맛이 순하고 부드러워진다.

그런 내 생각에 동의해주는 이가 있었다. 그는 가쓰야마에서 그리 멀지 않은 히루젠에서 '일 리코타로(IL RICOTTARO)'라는 이탈리안 레스토랑을 경영하는 20대의 다케우치 유이치로[竹内雄一郎] 사장이다. 대학에서 축산을 공부하고 히루젠 고원에서 양과 산양을 치다가 천연 유산균을 이용한 치즈를 만들고, 천연효모로 빵과 피자까지 굽는 대단한 젊은이다. 이탈리아에서 수련한 경험도 있다고 했다.

다케우치 사장은 개점 직후 가쓰야마에 있는 우리 가게를 찾아왔다. 같은 발효 전문가로서 우리 부부가 걱정되었던 모양이다.

그때 다케우치 씨와 나는 천연균에 대한 이야기를 나누었다. 나는 효모뿐 아니라 누룩균이나 유산균까지 모두 천연의 균만 써서 빵을 만든다는 이야기를 했다. 그랬더니 다케우치 사장은 흥미를 보이며 "이탈리아에서도 치즈는 자연발효가 당연시된다."고 맞장구를 쳐주었다.

그도 처음에는 순수 배양된 유산균을 첨가해 치즈를 만들었다고 했다. 하지만 나중에 우리가 리코타로를 찾아갔을 때는 천연 유산균으로 발효시킨 치즈를 대접해주었다. "균을 잘 활용하면 맛은 저절로 난다."는 이야기도 했다. 아직 시도 단계라고 하지만 '균 본위'라는 생각에 동의하는 동지가 늘어서 얼마나 기뻤는지 모른다.

그는 "균과 우유는 같은 땅에서 난 것을 써야 발효가 부드러워진다."고 단호하게 말했다. 그는 한때 자신이 치던 양과 산양에서 젖이 잘 안 나와 시판되는 우유로 치즈를 만들었던 얘기를 해주었다. 당시 우유 하나만 바꿨는데도 발효가 잘 안 되거나 풍미가 떨어졌다며 그때의 경험이 그런 생각을 갖게 된 계기가 되었다고 했다.

요컨대 균과 재료는 모두 외부에서 빌려온 것이 아니라 그 지역에서 난 그 고장 것끼리 어울려야 절묘하게 조화를 이룬다는 의미다.

그래서 우리 가게는 재료를 가급적 가까운 데서 들여오고 있다. 제일 먼저 우리 지역인 가쓰야마 주변에 생산자가 있는지 조사해보고, 좋은 생산자가 없을 경우에는 오카야마 현에서 수소문한다. 그래도 마땅치 않을 때는 주고쿠 지방, 그 다음은 서일본, 일본 전국으로 조금씩 생산자를 찾는 범위를 넓힌다. 이런 사고방식은 시골빵집이 찾아낸 부패하는 경제의 핵심 중 하나인 '순환'이라는 주제로도 이어질 것이다.

균이 바라보는 부패하지 않는 경제

균 본위제를 지키며 하루하루를 살다보면, 문득 균들이 생각을 할 수 있다면 그들은 부패하지 않는 경제가 활개치는 이 세상을 어떻게 볼지 궁금해지곤 한다.

사람들은 돈이라는 이름의 비료를 대량으로 투입해 경제를 뒤룩뒤룩 살찌게 한다. 내용물이야 어떻든 이윤만 늘면 된다, GDP(국내총생산)만 키우면 된다, 주가가 오르면 된다는 생각을 한다. 비만이라는 병에 걸린 경제는 거품을 낳고, 그 거품이 터지면 공황(대불황)이 찾아온다. 거품붕괴는 어떤 의미에서는 너무 살쪄서 비정상이 되어버린 경제가 균형을 되찾는 자정작용이다.

그런데 부패하지 않는 현대 자본주의 경제는 공황도 거품붕괴도 허용하지 않는다. 적자 국채를 발행하는 등의 재정출동(出動)이나 제로금리정책과 양적완화 같은 금융정책을 통해 돈이라는 이름의 비료를 대량으로 살포하는 수법을 써서 한없이 경제를 살찌우려고만 한다.

한편 먹거리의 세계에서는 비료를 대량 투입해 생명력이 약한 작물을 재배하고 그것을 부패시키지 않기 위해 강력한 순수 배양균을 개발한다. 그러면 먹거리를 만드는 사람들은 그 균을 사들여와, 말하자면 그 힘을 대출해 첨가물까지 더해서 음식을 '썩지 않게' 한다.

양쪽의 작동 원리는 동일하다.

인위적으로 동원한 균이 부패하지 않는 음식을 탄생시키는 것처럼 인위적으로 동원한 돈은 부패하지 않는 경제를 낳는다. 자연의 활동에서 크게 벗어난 부자연스러운 악순환이다.

균들이 이 상황을 본다면 "그게 대체 무슨 짓이냐? 인간처럼 세포가 60억 개나 되면 자신이 생명체라는 사실조차 잊는 거냐?"고 물을지도 모른다.

인간의 어리석음을 어이없게 바라볼 균들의 수군거림이 들려오는 것만 같다.

3장

참다운 시골살이는 '순환'

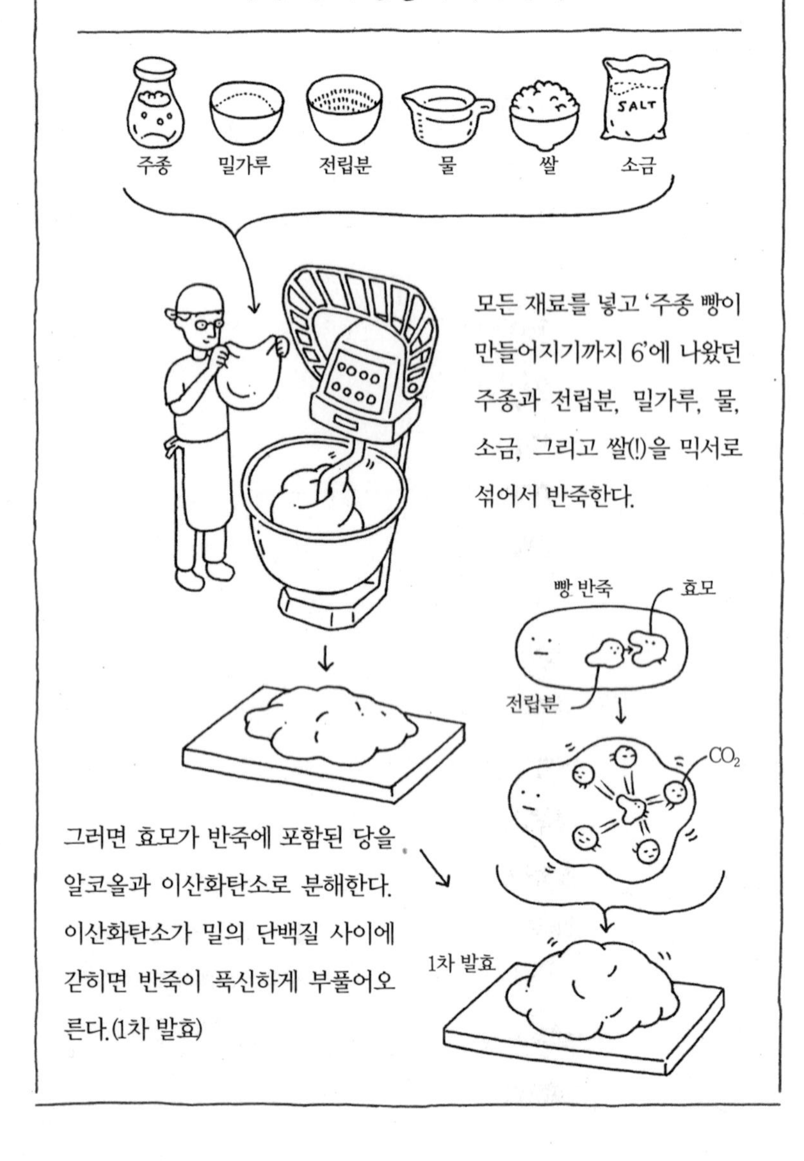
주종 빵이 만들어지기까지 8
주종
밀가루
전립분
물
쌀
소금
SALT
모든 재료를 넣고 '주종 빵이 만들어지기까지 6'에 나왔던 주종과 전립분, 밀가루, 물, 소금, 그리고 쌀(!)을 믹서로 섞어서 반죽한다.
빵 반죽
효모
전립분
CO_2
그러면 효모가 반죽에 포함된 당을 알코올과 이산화탄소로 분해한다. 이산화탄소가 밀의 단백질 사이에 갇히면 반죽이 폭신하게 부풀어오른다.(1차 발효)
1차 발효

균에 이끌려
마침내 도착한 곳

여기는…… 에도시대?

처음 이 마을 가쓰야마에 왔을 때는 옛날 어느 마을에 와 있는 듯한 착각을 일으킬 정도였다. 거리에는 흙벽을 흰색으로 칠한 에도시대 풍의 가게들이 양옆으로 수백 미터나 마주 보고 늘어서 있었다. 일찍이 이런 동네를 본 적이 없었기에 온몸에 소름이 돋았다.

지바를 떠나기로 맘먹고 이사 갈 곳을 물색하던 나는 마리와 아이들보다 한발 먼저 가쓰야마를 찾아왔었다. 이곳에는 물이 좋고 발효·양조 문화가 아직도 살아 있는데다 오래된 집들도 있었다. 그리고 무엇보다 장인의 문화가 숨 쉬고 있었다. 지인들에게 묻고 물어 찾아낸 마을이었다.

'이런 데서 살면 얼마나 좋을까?'

그저 막연한 바람이었는데 막상 와보니 놀라울 따름이었다.

처음 알게 된 이 마을 사람은 가쓰야마 죽세공 장인인 히라마쓰 유키오[平松幸夫] 씨였다. 죽세공이라는 말만 들어도 내 마음속 바람은 더 강해졌다. 지바에서 천연 누룩균 채취에 성공할 수 있었던 결정적 이유 중 하나가 대나무 그릇이었기 때문이다.

장인이 사는 곳, 대나무 문화가 살아 숨쉬고 있는 곳이라니 최고가 아닐 수 없었다.

히라마쓰 씨는 '히노키 초목염직 공방'을 운영하는 가노 요코[加納容子] 씨도 소개해주었다. 그녀는 초목염색과 직물 장인으로서 가쓰야마 마을 조성의 리더 격이었다. 마을 가겟집에 걸린 포렴들은 모두 가노 씨의 손으로 만든 것이다.

나의 바람은 조금씩 확신으로 변하기 시작했다.

가노 씨와 이야기를 나누었다. 장인의 문화가 지금도 숨 쉬고 있는 것에 감동해 이곳의 매력에 푹 빠졌다는 이야기, 그리고 내가 지금까지 지바에서 빵을 만들면서 천연균을 손에서 놓지 않았다는 이야기, 이사할 동네로는 물 좋은 데를 찾고 있다는 이야기……. 여기서 살고 싶고 여기서 빵을 만들고 싶다는 생각에 가슴이 너무 벅찬 나머지 초면인데도 열성적으로 내 이야기를 쏟아놓았다.

"어머 그래요? 우리 마을에는 술, 된장, 간장 양조장이 유명했어요. 지금도 요 앞에 고젠슈[御前酒]라는 술을 빚는 양조장이 있어요. 역사가 200년도 넘지요. 한번 가보는 게 좋겠네요."

발효·양조 문화까지 있는 마을이었다. 게다가 어떤 집은 아직도

술을 빚는다. 200년이 넘는 역사를 자랑한다니 예로부터 물이 좋았음이 틀림없다. 이 대목에서 내 마음은 거의 정해졌다. 여기서 살아야겠다고 마음을 먹은 것이다.

고젠슈의 제조원인 쓰지혼텐[什本店]에서 들은 이야기는 더욱 놀라웠다. 여기서는 내가 주종을 만드는 방식과 동일하게 직접 유산발효로 술밥을 만들고 있었다. 양조의 근대화 및 합리화와 함께 유산발효 과정을 생략하고 이미 만들어진 유산을 첨가하는 방식이 주류를 이룬 지금 예전 방식을 고수하는 곳이 바로 여기에 있었던 것이다.

마지막으로 물맛을 보고, 살집만 찾으면 되겠다고 생각했다. 가노 씨에게 속내를 털어놓으니 고맙게도 많은 도움을 주셨다.

그 덕에 우리가 찾은 집은 지은 지 100년이 지난 고택이었다. 예전에 방앗간으로 쓴 건물이어서인지 집 뒤편에는 쌀을 빻을 때 쓰던 물레방아와 수로가 아직도 남아 있었다. 우리는 지바에 살 때부터 밀을 일부 자가 제분했는데, 앞으로는 전량을 자가 제분하자는 계획을 세우고 있던 터였다. 그런 우리가 방앗간을 하던 고택을 쓰게 될 줄이야…….

'그래, 나는 분명 균의 부름을 받고 지금 이곳에 와 있는 거야.' 그것 말고는 도저히 이런 행운을 설명할 길이 없었다.

마지막으로 물을 마셔보았다.

정말이지 기대 이상으로 맛난 물이었다.

역사가 살아 숨쉬는 가쓰야마

물에 관한 이야기를 하기 전에 이 멋진 가쓰야마를 조금 더 소개해두려 한다.

이 마을의 역사는 에도시대보다 더 오래전으로 거슬러 올라간다.

가쓰야마는 원래 시마네 현의 이즈모와 효고 현의 히메지를 잇는 이즈모 가도(街道)의 요충지였다.

사철(砂鐵) 생산지였던 이즈모는 고대로부터 풍부한 산림목재를 이용해 숯을 만들었고, 풀무를 이용해 강력한 불을 일으키는 발풀무 제철이 발달했다(미야자키 하야오 감독의 애니메이션 〈모노노케 히메〉의 배경이기도 함). 이즈모 가도는 생산한 철을 이즈모에서 나라 현의 야마토까지 운반하는 철도로서 중세에는 고토바 천황(後鳥羽上皇, 1180~1239년)과 고다이고 천황(後醍醐天皇, 1288~1339년)이 유배 길에 지나간 길이기도 하다. 에도시대에는 산킨코타이(參勤交代, 각 번의 다이묘로 하여금 정기적으로 에도를 오가게 함으로써 각 번에 재정적 부담을 가하고, 인질로 잡아두기 위한 제도 – 옮긴이)와 물자수송, 신사인 이즈모 타이샤로 참배하러 가는 신앙의 길로도 빈번히 이용되었다. 이처럼 가쓰야마는 이즈모 가도를 지나는 사람들이 묵어가는 시가지로서 번성했다.

이곳에 변화의 바람이 분 것은 에도시대 중반이었다. 아이치 현의

미카와에서 미우라[三浦]라는 사람이 바쿠후의 명을 받고 이 고장으로 와 가쓰야마 번을 세웠는데 그때부터 성을 중심으로 한 도읍지 역할을 하게 된 것이다.

우리 가게는 이즈모 가도의 한쪽 모퉁이에 있는데, 처음에 내가 에도시대로 착각했던 거리는 정말 그 당시에 조성된 거리다. 근대 일본문학을 대표하는 소설가이자 극작가인 다니자키 준이치로(谷崎潤一郎, 1886~1965)가 제2차 세계대전의 전화를 피해 소설 『세설(細雪)』의 일부를 쓴 곳이기도 하며, 영화 〈남자는 괴로워〉 시리즈 최종편의 촬영지로도 알려져 있다.

오카야마 시가에서 차로 오면 고속도로를 경유해 약 2시간 걸리고, 전철을 타면 오카야마 역에서 갈아타고 2시간 조금 더 걸리는 곳에 있다. 그래서인지 마을에는 큰 산업이 없고, 이렇게 멋진 고장인데도 매년 인구가 줄고 있는 형편이다.

빵을 변화시킨 물의 힘

"여기 물 마셔보니까 어때?"

"음, 몸속으로 스르르 스며드는 느낌이랄까, 내 몸의 세포들이 막 좋아하는 것 같아."

마리는 눈을 반짝거리며 대답했다.

"모코랑 히카루는 어때? 맛있어?"

"달고 맛있어요!"

아이들은 터질 것처럼 활짝 웃는 얼굴로 연신 물을 마셔댄다. 나와 마리는 이곳 가쓰야마를 제2의 창업 터전으로 삼기로 결심했다.

우리의 마음을 움직인 이곳 물은 가쓰야마에서 차를 타고 북쪽으로 가면 50분 정도 걸리는 곳, 돗토리 현과의 경계와도 가까운 히루젠[蒜山]이 그 발원지다. 이곳에는 해발 1,000미터급의 3개의 연봉으로 이루어진 히루젠 3좌(가미히루젠上蒜山, 나카히루젠中蒜山, 시모히루젠下蒜山)가 솟아 있고 산중턱에는 스키장 등으로 유명한 히루젠 고원이 자리 잡고 있으며 여름철을 중심으로 연간 250만 명의 관광객이 찾아온다. 자연의 혜택을 살려 벼농사와 채소농사, 낙농까지 이루어지는 곳이다.

산이 좋으면 물도 좋다 했다. 히루젠에는 곳곳에서 물이 솟는다. 히루젠 3좌 중 하나인 나카히루젠의 산기슭 골짜기에서 샘솟는 '시오가마[塩釜] 냉천수'도 그 중 하나다. 오랜 시간 산이 여과해준 용천수는 우리 빵집에 꼭 필요한 귀한 물이다. 2주에 한두 번, 차로 물을 실어오는 일이 이제는 제빵 공정 중 중요 단계로 정착했다.

초목이 싹을 틔우는 봄, 녹음이 짙어가는 여름, 단풍이 물들어가는 가을, 사방이 두터운 눈으로 뒤덮이는 겨울. 사시사철 고마운 자연의 기운을 받은 물이 펑펑 솟아나는 곳이다.

수온은 일 년 내내 11도를 유지한다. 정신이 번쩍 드는 차가운 물을 입에 머금으면 부드럽고 가벼우면서도 단맛이 목젖을 타고 내려가 몸속 세포 하나하나에 스며든다.

우리는 웅대한 자연이 품어온 생명의 물을 얻어와 빵을 만든다. 원천에서 직접 물을 길어오는 행위는 금지되어 있지만 물 긷는 장소가 정해져 있어서 그곳에서는 취수가 가능하다.

물을 바꾸고 나서 우리 집 빵도 변했다. 발효된 반죽은 전보다 부드러워졌고, 맛은 더 순하고 깊어졌다. 분명 우리가 이 물을 마시고 좋다고 느꼈던 것처럼 균과 작물의 세포도 이 물을 삶의 에너지로 삼았기 때문일 것이다. 그래서 그 변화가 빵에도 어김없이 드러난 것이 아닐까?

산이 있고 물이 있으니……. 그렇다. 온천이 빠질 수 없다. 가쓰야마에서 히루젠에 이르는 일대에는 원천 그대로의 진짜 천연온천이 몇 개나 있다. 사실은 이것도 우리가 이 지역을 선택한 결정적 이유에 포함되어 있다. 일하느라 지친 몸과 마음을 온천은 몸속 깊숙한 곳까지 확 풀어준다. 200엔 정도의 입장료를 내는 곳이 많은데 그 중에는 무료도 있다. 전국 노천온천 순위에서 서일본 최고로 꼽힌 유바라 온천의 스나바[湯原温泉 砂湯]도 무료다. 도시에서는 좀처럼 맛보기 어려운 사치다.

두 사람의 인생이 하나로

"난 시골에 카페를 여는 게 꿈이야. 내 손으로 논밭을 일구고 거기서 기른 재료로 음식을 만들어 팔 거야. 시골에서 농사 짓는 카페를 열고 싶어."

"뭐 정말? 나도 시골에 가게 하나 열고 싶었는데. 뒷마당에서 채소도 기르고 말이야. 조그만 술집 정도 생각하고 있어. 나, 술 좋아하잖아."

"그거 좋네. 나도 술은 좋아해. 시골에는 술집도 많이 없으니까 괜찮을 거 같은데?"

시골빵집을 열기 훨씬 전, 나와 마리는 유기채소 도매회사에서 만났다. 입사 직후인 2001년 5월 우리는 연수를 받으러 구마모토[熊本]의 농가를 방문했다. 돌아오는 길에 이런저런 이야기를 나누었는데, 그 일이 계기가 되어 '시골에 가게를 내겠다'는 공통의 목표를 향해 함께 걷기 시작했다.

전 직원이 스무 명도 안 되는 작은 회사에 신입이 둘. 처음에는 서로에게 끌리면서도 거리를 두고 탐색만 했다. 마리는 속으로 '이 사람 뭐야? 신입이라면서 왜 이렇게 늙어 보여?'라고 이상하게 여겼을 것이다.

연수가 끝나고 구마모토 공항에서 도쿄로 돌아오는 비행기를 기다리면서 무료함을 달래려 시작한 이야기는 우리 둘 사이의 어색함을 깨끗이 날려주었다. 우리는 농사와 먹거리에 관한 생각, 장래희망을 이야기하면서 마음을 열었고, 같은 꿈을 꾸고 있다는 것을 알았다.

동반자를 얻고 나자 시골은 우리 두 사람에게 '언젠가는 살고 싶은' 희망의 대상에서 꼭 도달하고 싶은 목적지로 변해갔다. 우리의 꿈은 둘이 만나서 더 커졌고, 희미했던 꿈의 윤곽은 확고한 형태를 갖추기 시작했다.

별 볼일 없는 청춘

나는 도쿄 교외의 다마 지구에 있는 공업단지 주택가에서 유년기를 보냈다. 1970~1980년대의 다마 지구는 자연이 없는 시골이라는 말이 어울릴 만한 시골도 도시도 아닌 어정쩡한 곳이었다. 특별히 기억에 남는 데라고는 슬롯머신 가게 정도밖에 없다. 그런 데서 자란 내가 시골을 꿈꾸게 된 데는 우여곡절이 있었다.

그래도 지금 생각해보면 10대와 20대 때 출구 없는 불모의 시간을 보냈기 때문에 비로소 시골이라는 꿈이 생겼고, 빵에 인생을 걸 생각을 할 수 있었다. 그래서 나는 별 볼일 없었던 나의 과거 이야기를 잠깐 하려고 한다.

당시 우리 집은 세상 물정을 모르는 아버지 덕분에 가난했다.

고도성장기의 일본 수도, 도쿄의 탐욕스러운 구인 손길에 이끌려 샐러리맨이 된 사람들은 다마 지구 등 도쿄 교외에 작은 가정을 이루고 엇비슷한 행복을 누리며 살고 있었다. 하지만 나처럼 어린 아이들의 눈에는 모두가 어딘지 짓눌리고 고달픈 삶에서 헤어나지 못하는 것처럼 보였다. 주위에 멋진 어른은 한 사람도 없었다. 나도 이대로 여기서 나이를 먹고 어른이 되어서 그저 그런 인생을 보내다가 늙어 죽을 거라고 생각하면 숨이 막혔다.

하지만 가끔씩 놀러 가는 '도심'이란 곳은 어쩌나 눈이 부신지 내가 이다음에 커서 저런 곳에서 대단한 활약을 할 수 있을 거라는 꿈은 도저히 꾸어볼 엄두도 나지 않았다.

고등학교 1학년 때까지는 주위의 어른들처럼 나도 다마 지구에서 어떻게든 살아야 할 거라는 생각에서 벗어나지 못했다.

2학년이 되자 초등학생 때부터 열심히 했던 축구가 갑자기 싫어졌다. 축구 따위를 열심히 해봤자 인생에 아무런 도움이 안 된다는 생각에 특별활동을 그만두고, 남아도는 시간을 때우기 위해 아르바이트와 밴드활동, 오토바이에 빠져들었다. 싸구려 청춘 영화의 주인공처럼 찰나의 기쁨을 찾아 밤이면 밤마다 놀기 바빴다.

뭐가 그렇게 재미있었을까? 따져보면 아르바이트로 돈을 버는 즐거움은 있었다. 시키는 일만 하면 돈을 받아서 사고 싶은 물건을 살 수 있었다. 그런데 그것도 점차 시들해지더니 결국은 손쉽게 자극을 얻을 수 있는 슬롯머신에 재미를 붙였다.

학교 선생님들은 "공부해서 좋은 대학 가라."는 말만 했다. 나는 궁금증이 일었다. '희망 없는 인생인데 노력은 해서 뭐 하나.' 선생님 말씀 따위는 믿지 않으면서도 나름 착실하게 공부하던 친구들까지 점차 반항하기 시작했다.

나는 반항심을 드러내느라 학교 축제 무대에 난입해 게릴라 라이브를 감행하기도 했지만 학생들은 대부분 냉담한 반응이었고, 학교에서는 무기정학 처분을 받았다. 정학 중이던 어느 날 밤에는 쇼와 기념공원에 몰래 숨어들었다가 경비원에게 발각되고 말았다. 나는 정신없이 도망쳤고 그 와중에 방향을 잃어 자위대 부지로 들어가게 되었다. 결국 자동소총을 든 우람한 군인들에게 둘러싸이고 말았는데, 그날 나는 평생 먹을 욕을 다 들었다.

고등학교 졸업 후에는 아르바이트로 생활을 이어갔다. 세상은 거품이 최고조에 달했던 1990년대 초반이었다. 그런 호황기에 이삿짐센터 아르바이트를 하던 나는 일을 나갈 때마다 일당과 함께 의뢰인으로부터 수만 엔씩 팁을 받을 수 있었다. 그것만으로도 월 30만~40만 엔 정도는 수월하게 벌 수 있었으니 돈이 궁할 때만 일을 하고, 나머지 날들은 빈둥거리기 일쑤였다. 남 밑에 들어가서 매일 아등바등 일하는 삶은 정말 멍청하게 보였다.

하지만 그렇다고 내 삶에 큰 낙이 있는 것도 아니었다. 밤이면 편의점 주차장에 진을 치고 쪼그리고 앉아서 캔 커피나 마시고 담배나 피우다가 자동차로 폭주족 흉내나 내는 것이 고작이었다. 딱히 재미있지는 않았지만 달리 할 일도 없었다.

그렇게 허무한 시간을 보낸 끝에, 변화의 계기가 필요하다는 생각이 들 무렵, 아버지께서 안식년을 맞아 헝가리로 가게 되었다는 이야기를 들었다. 아버지는 무절제한 생활을 하던 나를 무조건 부정하던 분이었다. 서로 가까이 다가가기에는 정말 거북한 사이였지만 어머니는 우리 둘을 엮어주셨다. "너도 알다시피 아버지는 세상 물정을 모르시잖니. 네가 같이 가서 도와드리렴."

할 수 없이 아버지를 따라 나도 헝가리로 떠났다.

헝가리에서 만난 진짜 음식

아버지와 내가 헝가리 땅에 도착한 때는 1994년 2월이었다. 헝가리는 그로부터 5년 전까지만 해도 소련(지금의 러시아)의 입김이 작용하는 공산주의 국가였다. 그래서인지 헝가리 경제는 국제 시류에 한참 뒤져 있었다. 공무원 월급이 월 2만 엔. 아르바이트로 모은 20만 엔을 가지고 간 나는 큰 부자라도 된 것 같았다.

경제발전이 늦은 만큼 식문화는 풍성했다. 곳곳에 집안의 남는 공간을 가게 삼아 영업하는 상가들이 있었고, 농가에서 직접 양조한 와인을 나무통에 담아 무게를 달아서 팔기도 했다. 1리터에 수십 엔일 만큼 저렴했던 그 와인의 맛을 지금도 잊을 수가 없다.

헝가리에서는 농가뿐 아니라 지극히 평범한 가정에서도 당연한 듯 와인을 자가 양조했다. 아버지의 지인 댁에서도 집에서 담근 와인을 대접받은 기억이 있다. 일본에서는 알코올을 허가 없이 양조하는 행위가 금지되어 있지만, 사실 나는 그 당시의 그런 경험 탓도 있어서 지금까지도 발효라는 것이 만인에게 열린 기술이어야 한다고 생각한다.

어쨌든 그곳에서 나는 산화방지제를 쓰지 않은 와인이 식초로 변하는 경우를 종종 보았다. 식초의 영어 단어인 'vinegar'의 어원은 '와인'을 의미하는 프랑스어 'vin'과 '시다'라는 뜻의 'aigre'를 합한 것이라 한다. 즉 '신맛이 나는 와인'이라는 의미다. 알코올이 너무 발효되면 초산균이 알코올을 분해해서 식초로 변하게 된다. 당시에는 상세한 과정을 몰랐지만, 발효와 관련한 나의 첫 번째 경험임에 틀림없었다.

싸고 맛있는 와인은 아버지와 나의 관계를 중재하는 역할도 해주었다. 영어도 못하고 헝가리어도 못하는 내가 대화할 상대는 아버지뿐이었다. 그동안 아버지를 피하기만 했던 나는 아버지에게 다가가는 데 용기가 필요했다. 와인은 내가 용기를 가지도록 도와주는 든든한 지원군이었다. 아버지와 나는 매일 밤 와인 병을 비웠다.

기분이 좋을 때 아버지는 할아버지 이야기를 자주 들려주셨다. "너도 할아버지의 피를 물려받았으니까 뜻을 높이 세워봐."라든가 "할아버지가 못다 이룬 꿈을 네가 이어가야지." 같은 말씀도 하셨다. 아버지의 말이라면 항상 경계하기 바빴던 나였지만, 할아버지 이야기에는 반응이 달랐다. 의사의 신분으로 전쟁터에서 숨을 거두신 그분의 이야기는 언제나 마음속을 파고들었다. 만취 상태였으니 아버지는 분명 기억을 못하시겠지만, 덕분에 나는 지금의 내가 될 수 있었으니 인생은 참 알다가도 모를 일이다.

그때 헝가리에서는 첨가물이나 방부제 이야기를 들어본 적이 없었고, 모든 식재료가 재료 그대로의 모습으로 유통되고 있었다. 그렇게 신선하고 소박한 먹거리를 나의 몸은 참 좋아했다.

아버지의 지인 댁에 초대받았을 때는 정원에서 기르던 토끼와 닭을 직접 잡아 조리한 음식을 먹을 기회도 있었고, 사냥해온 영양고기를 대접받은 일도 있었다. 야산을 돌아다니던 영양고기는 씹을 때마다 생명의 힘이 입안에 퍼지는 느낌이 들었다. 음식은 생명이라는 너무나도 간단한 사실을 나는 그때 처음 깨달았다.

10대 후반부터 내 몸은 정크식품에 절어 있었다. 항상 몸이 나른하다고 느꼈는데 놀랍게도 헝가리에 산 지 1년 만에 내 몸은 달라졌다. 나중에 귀국한 후, 예전에 항상 마시던 캔 커피를 마시고는 갈색 물감이라고 느낄 정도였다.

그리고……
시골을 꿈꾸다

헝가리에 머문 지 두 달 정도 되었을 때 일본인 모임에서 우리 부자를 환영하는 파티를 열어주었다.

"저는 리스트 음악원에서 음악 공부를 하고 있어요."

"저는 올림픽 보트종목 대표선수 후보예요. 지금은 강화 합숙 훈련 때문에 와 있습니다."

"발레리나예요. 아직 미숙하지만."

모두 나와는 전혀 다른 세계를 사는 사람들이었다. 같은 일본어를 쓸 뿐, 그들은 하나 같이 대단해 보였다. 그날 나는 열등감으로 완전히 기가 죽었다. 그것도 모르고 발레리나라는 여자는 우아한 말투로 말을 걸었다.

"이타루 씨는 무슨 일을 하시나요?"

"아, 저요? 저는…… 아무 것도…… 안 해요."

"아무 것도 안 하신다? 호호, 공부건 뭐건 하시는 일이 있을 거 아니에요?"

"아뇨, 하는 일이 정말 없습니다. 아버지 연구하시는 데 그냥 따라 왔어요. 굳이 말하라면 아버지의 보디가드 겸 가정부지요."

"어머, 그래요……?"

순식간에 주위의 시선이 차가워지는 것을 느꼈다. 눈부신 그들 사이에 끼인 너무나도 초라한 내 모습에 나는 차라리 사라지고 싶었다. 결국 제대로 어울리지 못하고 파티장 한쪽에서 담배 연기만 뿜어대고 있을 때 아까 그 발레리나가 다가왔다.

"유럽에서는 하이 소사이어티로 갈수록 담배를 멀리한답니다."

그날부로 나는 담배를 끊었다. 한심한 나 자신을 천 분의 일이라도 바꾸고 싶어서였다. 나는 뭐든 할 수 있는 것부터 시작하자고 결심했다. 그러지 않고서는 죽어서 할아버지를 뵐 면목도 없을 것 같았다. 하지만 도대체 무엇을 해야 할지 알 수가 없었다. 문득 아버지 말씀이 떠올랐다. 할아버지의 유지를 이을 수 있을지는 모르겠지만 의사가 되기로 마음먹었다.

결심을 한 나는 대학에 도전하려고 일본으로 돌아왔다. 그러나 입시공부를 좀처럼 따라가지 못한 탓에 첫 번째 도전을 어이없게 망치고 말았다. 중학교 1학년 교과서부터 다시 공부했다. 2년째 도전했지만, 처음 목표로 삼았던 의학부는 근처도 못 가본 채, 농학부에서 합격 통지서를 받았다. 헝가리에서 눈을 뜬 먹거리에 대한 관심을 떠올리며, 의학부에 실패할 경우를 대비해 농학부의 시험을 쳐뒀던 것이다. 의학부는 앞으로 몇 년이 더 걸릴지 몰랐고, 먹거리의 세계도 나름대로 재미있을 것 같았다. 결국 현실을 납득하고 나는 스물다섯 살에 대학생활을 시작했다.

아버지는 정원사라도 될 작정이냐고 하시면서도 못난 자식이 조금이라도 앞으로 나아가려 한다는 사실에 기뻐하셨다.

그렇게 입학한 농학부에서 나는 시골과 만났다.

농업연수 수업을 받느라 어느 농가를 방문했을 때의 일이다.

엄청나게 넓은 밭 가득 채소를 재배 중이었다. 푸른 푸성귀와 그 사이사이로 보이는 검은 흙이 아름다웠다. 풀과 흙이 어우러진 냄새는 기분 좋게 콧속으로 파고들었고, 채소 잎이 바람에 흔들리는 소리는 귓가를 간지럽혔다. '아, 세상에 이런 데가 다 있었구나.' 가슴속에 쌓이고 쌓였던 열등감을 깨끗이 날려주는 상쾌한 바람이 들판을 어루만지고 지나갔다.

그런 곳에서라면 나답고 자유롭게 살 수 있을 것 같았다. 아무 근거도 없이 그냥 그런 감정이 싹텄다. 누가 시키지 않아도, 나를 위해서 살 수 있을 것 같았다. 내 안에서 그런 욕구가 부글부글 끓어올랐다. 살면서 처음으로 느낀 내 안의 긍정적인 생각이었다.

나는 결정했다. '시골에서 살아야겠다. 시골에서 내 인생을 열자. 이런 데서는 나도 뭔가 할 수 있을 거야.' 그날부터 시골은 내가 꿈꾸는 희망의 땅이 되었다.

그 무렵 마리는 마리의 방식대로 시골을 꿈꾸고 있었다. 그녀는 도심인 도쿄 세타가야에서 자랐으면서도 어린 시절부터 환경문제와 먹거리 안전에 관심을 가졌고, 대학 농학부에서는 환경학을 전공했다. 대학 때는 휴학을 하고 미국과 뉴질랜드의 농가로 팜스테이를 떠났을 정도로 자신의 방향성이 확고했다.

목표를 향해 계획적으로 인생을 걸어온 야무진 마리, 그리고 직감과 충동과 즉흥적인 생각으로 닥치는 대로 살다보니 먼 길을 돌고 돌아온 나. 성격과 지나온 시간 모두 대조적인 우리 두 사람은 '시골에 가게를 열겠다'는 단 하나의 공통점만 믿고 인생의 동반자가 되었다.

시련 끝에 찾아온 기회

2008년 2월, 우리가 맨 처음 도착한 시골은 지바 현 이스미 시였다. 도쿄에서 자동차나 전철로 약 2시간 거리에 있는 곳이다. 밭과 과수원이 펼쳐진 벽촌의 고택을 빌려서 우리 부부는 곧 세 살이 될 딸 모코를 데리고 시골빵집을 시작했다. 2009년 8월에는 아들 히카루가 태어났다.

그 후 우리는 천연균과 자연재배라는 최강의 도전과제를 맞아 천연 누룩균의 자가 채종에도 성공했고, 주종 빵도 만들었다. 모든 것이 순조로웠다. 하지만 뭔가가 부족하다는 생각이 들었다. 더 좋은 빵을 만들 수 있을 것만 같았다.

"그럼 이제 물을 바꾸는 수밖에 없겠네요."라고 했던 호사카 부부의 말을 잊을 수 없어 가끔 마리와는 농담 삼아 "물을 찾아서 이사라도 가야 하나?" 하는 이야기를 나누기도 했다. 그렇게 가게를 연 지 4년째로 접어들 무렵 생각지도 못한 일이 터졌다.

2011년 3월 11일, 동일본대지진이 일어난 것이다.

일본 전역을 극심한 지진이 덮쳤고 다루마리도 지진의 피해를 입었다. 더 큰 걱정은 눈에 보이지 않는 불안이었다. 후쿠시마 제1원전에서 제어불능에 빠진 원자로가 하나둘 폭발을 일으키면서 방사성 물질이 대기 중에 퍼지기 시작한 것이다.

부모로서 두 아이의 건강과 미래를 걱정하지 않을 수 없었다. 참지 못한 나는 마리에게 아이들을 데리고 서일본으로 피난을 가자고 제안했다.

"말도 안 돼! 우리 부모님, 도쿄에 계셔. 부모님을 버리고 가는 게 말이 되냔 말이야! 게다가 움직이고 싶어도 움직일 수 없는 사람들도 있는데 우리만 도망을 가자니……."

울부짖는 마리를 보면 마음이 찢어질 듯 아팠다.

"당신 마음은 알아. 하지만 모코와 히카루에게 무슨 일이 생기면 어쩔 거야? 그것도 각오한 거야? 우리 부모님도 도쿄에 계셔……."

"……."

무거운 침묵이 흐른 뒤 마리는 입을 열었다.

"우리 아이들은 우리가 지켜야지."

"그래. 우리가 지키자."

마리는 모코와 히카루를 데리고 구마모토로 시집간 대학 동창 집으로 피난을 갔다. 혼자 지바에 남아 가게를 꾸리던 그때만 해도 세 사람이 지바로 다시 돌아오지 못할 거라는 생각은 하지 못했다.

원전 사태는 전혀 수습되지 않았다. 한 달이 지나고 두 달이 지나도, 세 사람을 불러들일 만한 상황이 아니었다. 아니 그럴 기미조차 보이지 않았다.

그때 문득 떠오른 것이 '물'이었다. 여기서 불투명한 미래 때문에 불안에 떨 것이 아니라, 미래가 보이는 곳으로 이사를 가자는 생각이 점차 굳어졌다. 최고의 주종 빵에 도전할 수 있는 최고의 물이 있는 곳에서 다시 빵을 만들고 싶었다.

마리도 찬성했다. 우리는 이사를 가기로 했다. 물론 3년 동안 우리를 찾아준 손님, 지인들과 헤어지기는 힘들었다. 새로운 장소에서 빵집 운영을 정상궤도에 올릴 수 있을지도 알 수 없었다. 여러 가지로 불안했지만, 우리 힘으로 타개해나갈 가능성이 있는 쪽에 인생을 걸기로 했다. 균에게 좋은 물이 필요하다면 거기에만 집중해보기로 한 것이다.

우리는 물을 첫 번째 조건으로 내걸고 이주할 곳을 수소문했고, 마침내 도달한 곳이 주고쿠 산지 중턱에 위치한 오카야마 현 가쓰야마였다.

시골에서 빵을 만드는 의미

시골은 도시에 비해 경제적으로 가난하다고 말하는 사람들도 있다. 하지만 도시가 수입을 많이 올리는 것은 분명해도, 그만큼 생활비가 많이 들고 나가는 돈도 많다. 도심지 신주쿠의 원룸에서 혼자 살던 회사원 시절을 돌이켜보아도 눈 깜짝할 사이에 사라지는 월급 때문에 항상 골머리가 아팠다.

사치를 부린 것도 아니었다. 방세를 내고, 밥 사먹고, 가끔 친구들과 술 한 잔 정도 하는 것이 전부였는데도 월급은 통장을 스쳐갔다.

그런 나를 불쌍히 여긴 마리가 돈을 빌려준 적도 있다. 나는 영업 담당이었기 때문에 거래처 사람들과 자주 연락을 해야 했는데, 휴대전화 통화료는 자비 부담이었다. 통화료를 나한테 떠넘기려고 나를 고용한 것 같다는 불만이 따라다녔다. 그런 월급쟁이의 비애를 마르크스는 이렇게 표현했다.

"노동자가 자신의 노동임금을 현금으로 받으면 공장주에 의한 노동자 착취는 끝난다. 하지만 그 순간 그들에게는 또 다른 부르주아 계급이 달려든다. 다름 아닌 집주인, 소매상인, 전당포 등이다."(『공산당 선언』)

시골은 수입을 많이 올리기는 어렵지만 그만큼 도시의 불합리함과는 거리가 멀다. 집세는 도시의 몇 분의 일이면 되고, 무엇보다 내 주머니의 돈을 필사적으로 앗아가려는 사람이 없기 때문에 사는 곳에 따라 차이는 있겠지만 한 집에 월 15만 엔만 있으면 충분히 살림을 살 수 있다.

물론 불편은 감수해야 한다. 하지만 고맙게도 그런 시골에서도 IT 혁명의 혜택을 골고루 누릴 수 있다. 인터넷과 소셜 미디어의 발전 덕에 시골에 있어도 정보 수집과 발신은 얼마든지 가능하다. 현재 시골에 IT 기업을 세우거나 위성 사무실을 만드는 경우도 늘고 있다. 더구나 교통 인프라나 배송 서비스가 워낙 잘 갖춰진 세상인지라 가쓰야마에서 도쿄까지 빵을 배달하는 데에는 하루면 족하다.

봉건제도부터 공산주의까지 인류가 지금껏 만든 사회 시스템 중에 현재 자본주의가 가장 제대로 된 시스템이다. 마르크스가 말한 대로 자본주의가 중대한 결함을 많이 가지고 있지만 좋은 점도 많다.

우리가 빵을 만드는 데 있어서 시골이라는 곳은 그 무엇과도 바꿀 수 없는 소중한 의미가 있다.

무엇보다 천연균이 무럭무럭 자랄 수 있는 환경은 둘도 없는 보물이다. 물과 공기가 오염되고 사방에 화학물질이 넘쳐나는 도시에서는 환경의 변화에 민감한 천연균이 쑥쑥 자랄 수 없다.

우리가 고택에 집착하는 이유도 거기에 있다. 지은 지 얼마 안 된 주택의 새 건축자재에는 접착제나 방부제 같은 자연계에 존재하지 않는 화학물질이 사용되었을 가능성이 있다. 그렇다면 균의 생태계에 큰 영향을 미치게 된다. 하지만 고택의 오래된 자재는 화학물질을 걱정할 필요가 없다. 이 고장의 공기와 어울려서 균이 살기 좋은 환경을 제공해준다.

천연균과 자연재배로 빵을 만드는 우리에게 균이 잘 자랄 수 있는 시골이라는 환경은 절대로 빼놓을 수 없는 중요한 조건인 것이다.

시골에 사는 사람들의 남다른 각오

'시골에서 살면 아등바등 일에 매달릴 필요도 없고, 생활이 느슨해서 참 편하겠다.'

시골살이를 동경하는 사람이나 이유 없이 싫어하는 사람이나 이런 생각에는 차이가 없다. 시골에서 일하고 살아가는 사람의 입장에서는 특히 도시 사람들의 그런 시선이 따갑게 느껴진다.

하지만 시골생활이 느슨하고 여유로울 거라는 생각은 분명 오해다. 완전히 틀린 말이다. 시골은 느슨한 곳도 아니거니와 걱정 없이 살기 위한 장소도 아니다. 물론 도시에서 도망쳐올 곳도 아니다. 시골에는 도시의 불합리함은 없지만 그만큼 편리함도 없다. 생활을 꾸리기 위한 조건은 도시보다 까다롭다. 돈만 있으면 되고, 힘들면 남에게 맡기면 되는 생활이 시골에서는 허락되지 않는 것이다.

내가 처음 그 점을 깨달은 것은 농산물 도매회사의 연수로 일본 각지의 농가를 돌아다닐 때였다. 한두 주가량 농가에 머물면서 시골 생활의 실상을 엿볼 수 있었는데, 시골 사람들은 도시가 사람을 다 끌어가버리는 문제를 고민하고 있었다. 하지만 그렇다고 해서 아무나 좋으니 시골에 내려와 살았으면 좋겠다는 생각은 하지 않았다. 기술 하나 없이 아무 것도 못하는 사람은 시골에 도움이 안 된다. 힘이 없으면 시골에서 살 수가 없고, 시골에 활력을 되찾아주는 일도 절대 불가능하기 때문이다.

가쓰야마 주변에는 우리처럼 지진을 계기로 굳은 각오를 하고 수도권에서 이주해온 같은 또래들이 있다. 그들은 나름대로 큰 뜻을 품고 시골생활을 결심한 사람들이다.

우리 빵집에 꼭 필요한 물을 대주는 히루젠에 사는 30대 중반의 자연재배 농부 세 사람이 그들이다. 그들도 우리처럼 지바에서 이주해와 살고 있다. 다카야 유지[高谷裕治], 다카야 에리카[高谷絵里香] 부부와 구와바라 히로키[桑原広樹] 씨인데, '히루젠코게'라는 팀을 꾸려서 쌀과 밀, 채소를 경작해 우리에게 빵의 재료를 공급해주고 있다.

지바 현에서 이곳으로 이사하기로 결정한 다음, 신세진 분들을 초대했던 조그만 파티에서 그 팀을 처음 만났다. 우리가 천연 누룩균과 관련해서 여러 모로 신세를 진 호사카 부부가 그 팀을 데리고 온 것이었다.

그들도 가슴을 졸여가며 원전 사고 이후의 상황을 지켜보고 있었다고 한다. 그런데 3월 중순부터 하순 사이, 인근 밭에서 수확한 시금치에서 방사능이 검출되었다는 정보가 날아들었다. 그래서 자기네 밭에서 재배하던 보리와 채소를 수확해 검사를 의뢰했더니 방사성 물질인 세슘과 요오드가 검출되었다. 그 순간 그해 수확을 포기했다. 그렇다면 내년에는, 더 나아가 내후년에는 어떻게 될까? 그들도 우리가 품었던 것과 똑같은 불안을 극복하고 자신들의 손으로 미래를 개척할 가능성에 인생을 걸고 이주를 결단한 것이었다.

그들이 히루젠으로 이사 온 것도 이곳과 인연이 닿았기 때문인 듯하다. 연고를 따져볼 만한 지역에 히루젠을 비롯한 몇몇 후보지역이 있었지만 물 좋은 곳을 찾다보니 이곳으로 정해졌다는 것이다.

세 사람의 프로필은 이렇다.

부부 중 남편인 다카야 유지 씨는 원래 장애인 시설에서 일했는데, 장애인이 겪는 어려움과 먹거리 문제에 밀접한 관계가 있다는 사실을 절감했다고 한다. 사회가 효율과 편리함, 물질적인 풍요로움만을 추구하다보니 장애인이 설자리를 잃는 것이 현실이다. 먹거리가 망가지는 문제와 원인은 같다. 부인인 에리카 씨도 유지 씨나 구와바라 씨와 함께 땅을 갈고 씨를 뿌리며 열매를 수확하는 데 힘을 쏟는다.

구와바라 히로키 씨는 대형 컴퓨터 업체에서 시스템 엔지니어로 일했지만 서른 살 때 농부로 직업을 바꾸었다. 20대 후반에 그가 담당했던 일은 편의점의 24시간 영업을 지원하는 물류시스템이었다. 편의점의 영업이 엄청난 낭비를 낳는 실태(전국에 편의점이 약 5만 개 정도 있는데, 한 점포당 하루 평균 약 서른 끼 분량의 음식이 폐기된다고 한다.)에 의문을 품었고, 그런 일에 자신이 가담한다는 것은 '인생의 낭비'라고 생각해 직업을 바꾸었다는 것이다.

히루젠코게 팀을 소개시켜준 호사카 부부 역시 우리와 비슷한 시기에 오카야마로 이주해왔다. 자신들의 손으로 상품을 제조하고 싶어서 자연재배한 포도와 천연균으로 와인 만들기에 도전하려고 이곳에 왔다고 한다.

지바에서는 바로 옆에 다나하라 씨 같은 믿을 만한 자연재배 농가는 있었지만, 동일한 가치관을 가지고 앞으로의 먹거리와 농업에 대해 스스럼없이 대화할 수 있는 같은 또래의 친구는 없었다. 그래서 이처럼 큰 뜻을 품고 시골살이를 하는 그들은 우리에게 무척 든든한 존재다.

빵으로
지역 '순환' 만들기

빵집의 좋은 점은 생산자 및 고객과 모두 소통할 수 있고, 생산자와 고객을 잇는 '허브' 역할을 할 수 있다는 점이다.

자연 속에서 작물을 키워주는 생산자에게는 경의와 감사의 마음을 담아 정당한 대가를 지불하고, 우리는 그 재료를 정성껏 가공해 빵을 만들며, 고객에게는 정당한 가격으로 판매한다. 그래서 우리 가게에서는 원재료를 가급적 가까운 데서 들여온다. 그리고 생산자와의 신뢰관계가 소중하기 때문에 가깝게 있거나 쉽게 만날 수 있는 사람들은 웬만하면 직접 만나러 간다.

우리도 생산자의 생각을 빵에 반영하고 싶고, 생산자에게도 우리 빵을 이해시키고 싶다. 만든 상품이 어디에 어떤 식으로 쓰이는지 눈에 보이면 생산자의 마음자세와 일하는 방식도 변하기 마련이다.

그렇게 우리는 빵을 매개로 지역 내 농산물을 순환시킨다. '지역생산 지역소비'를 실천함으로써 지역의 먹거리와 환경과 경제를 한꺼번에 풍요롭게 만드는 것이다.

지역 경제를 순환시킨다는 발상의 힌트는 1부에서 언급했던 『엔데의 유언』에서 얻었다. 엔데는 '부패하지 않는' 돈을 지적한 데 이어 목적과 용도에 따라 돈을 두 가지로 나눌 수 있다는 흥미로운 제안을 했다.

엔데는 돈을 '사람들이 생활에서 사용하는 교환을 위한 돈=빵집에서 쓰는 돈'과 '자본이 사업을 통해 불리려 하는 돈=자본으로서의 돈'으로 나누었다. 그리고 전혀 다른 이 두 종류의 돈에 동일한 '법정통화'(엔, 달러 등)가 사용되고 있기 때문에 경제와 삶이 혼란을 일으킨다고 지적하며, 그렇다면 이 두 종류의 돈을 나누면 된다고 주장했다. 그래서 빵집에서 쓰는 돈으로는 도시를 목적으로 한 특정 지역에서만 쓸 수 있는 돈, '지역통화'를 쓰자고 제안했다. 바로 이 지역통화라는 조금 특이한 돈의 가능성에 당시의 나는 완전히 빠져들었다.

『엔데의 유언』에서는 지역통화에 대한 몇 가지 사례가 소개되어 있다. 그 중에서도 내가 강력하게 끌린 부분은 지역 농업을 활성화시켰던 미국의 이타카라는 마을의 통화 '이타카 아워(Ithaca Hours)'였다. 그 지폐에는 이런 이념이 인쇄되어 있다.

"이타카 아워는 우리 지역의 자원을 재활용함으로써 지역 경제를 자극하고, 새로운 일자리 창출에 일조한다. 이타카 아워는 우리의 기능, 체력, 도구, 삼림, 들판, 강 등 우리 지역 본래의 자본에 의해 유지된다."(『엔데의 유언』)

이 문구가 모든 것을 말해준다. 가게를 열면서 다시 읽었을 때도 같은 생각이 들었다. 인간은 지역의 부를 모아 그 지역을 넉넉하게 하는 자원이다. 경제활동이 낳은 부는 자원으로서의 인간이 가진 기능과 자연으로 환원되어야 한다.

그것이 우리가 빵집을 통해 실현시키고자 하는 이상적인 경제의 모습이다.

지역통화 같은 빵 만들기

시골에 들어와 산 지 5년이 넘었다. '마을 조성'이라거나 '지역 활성화' 같은 명분을 내건 사업이 추진되는 과정에서도 부패하는 경제와 정반대의 일들이 일어나는 현실을 여러 차례 지켜보았다. 지역의 바깥에서 보조금을 끌어와 도시에서 유명인을 불러 불꽃놀이 같은 이벤트를 벌이기도 했고, 재료를 조달해 지역 특산품을 만들기도 했다.

그러나 지역에는 아무 것도 남지 않는다. 지갑을 불리는 사람은 이벤트를 벌인 도시 사람들이고, 판촉과 마케팅에 능한 도시의 자본이다. 사용된 보조금도 도시에서 온 사람들 손으로 흘러들어간다. 결국 바깥에서 비료를 펴와서 속성 재배해 지역을 억지로 키우려 해본들 지역이 잘 살 수는 없다는 말이다. 오히려 비료를 투입하면 할수록 지역은 말라갈 뿐이다.

토양이 메마르면 작물이 스스로의 힘으로 자랄 수 없어 비료를 필요로 하게 된다. 그와 마찬가지로 지역이 척박해지면 지역 경제를 스스로의 힘으로 키울 수 없어 외부에서 무언가를 보태지 않으면 안 되는 상황이 된다. 먹거리의 세계와 마찬가지로 악순환이 생기는 것이다. 외부에서 무언가를 보태거나 빌려와서는 안 된다. 내부의 힘이 빛을 발하게 해야 한다.

시골빵집을 운영하는 과정에서 우리는 천연균과 자연재배를 만났고 다시 한 번 지역통화라는 발상이 자연의 섭리와 맞닿아 있다고 느꼈다. 그래서 우리는 지역통화 같은 빵을 만들고 싶다.

만들어서 팔면 팔수록 지역경제가 활성화되고 지역에 사는 사람들이 부자가 되고 지역의 자연과 환경이 생태계의 풍요로움과 다양성을 되찾는 빵.

우리는 지역통화라는 발상을 빵집 나름의 모습으로 수정, 발전시켜서 이윤이 아니라 순환과 발효에 초점을 맞춘 부패하는 경제에 도전 중이다.

4장

착취하지 않는 경영형태

– 이윤 남기지 않기

주종 빵이 만들어지기까지 9

'주종 빵이 만들어지기까지 8'의 반죽을 잘라서 틀에 넣어 다시 한 번 발효시킨다(2차 발효).

그 동안에도 누룩균의 효소는 전분을 당으로 분해하고 그 당에서 만들어진 유산균은 반죽을 발효시킴으로써 쉬지 않고 일을 한다.

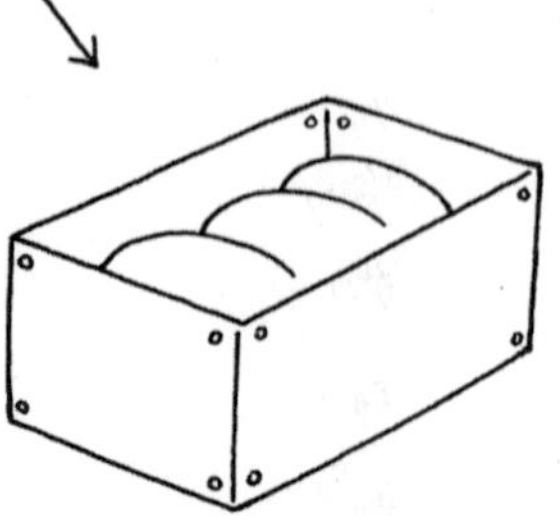

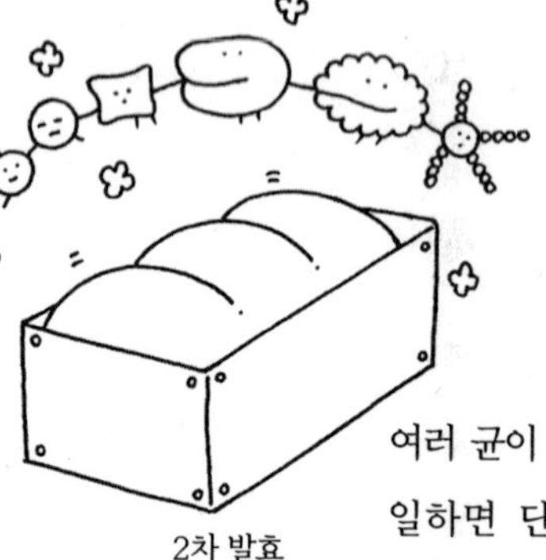

2차 발효

이렇게 여러 발효가 동시에 일어나는 것이 주종의 특징이다.

여러 균이 힘을 합쳐서 일하면 단맛과 신맛, 깊은 맛을 내게 된다.

시골빵집, 이제 독립이다!

이야기의 배경을 2007년 초로 잠시 옮기자. 반 년만 지나면 내 나이도 서른여섯이었다. 우리 부부는 서로의 일을 잠시 중단하고 두 살배기 모코를 업고 가게 후보지인 지바로 향했다. 열심히 찾아다녔지만 좀처럼 이거다 싶은 물건은 나타나지 않았다.

지바는 우리 부부와는 인연이 깊은 곳이었다. 나는 지바에서 대학을 다녔고, 마리에게는 어렸을 때 가족끼리 자주 놀러갔던 추억이 있었다. 그래서 가게는 지바에서 열기로 오래전부터 마음먹고 있었다.

"때가 됐어. 정리하고 지바로 이사 가자. 일단 거기서 살면서 가게 자리도 알아보자."

"무슨 소리야? 적금을 깨서 살자고?"

"우리 상황을 봐. 막연하게 시골생활을 동경하는 것처럼 보이니까 가게도 안 주는 거야. 일단 이사부터 하고 나서 우리가 이런 각오가 있는 사람이라는 걸 알려야 일이 풀리지."

"너무 초조해하는 것 아냐? 시간을 가지고 천천히 찾자."

"마흔 전에는 자리를 잡고 싶어서 그래. 가게를 연다 해도 정상궤도에 오르려면 3년은 걸리지 않겠어? 시간이 없어, 여보."

사실 나는 서른여섯이라는 나이가 신경 쓰였다. 할아버지가 돌아가셨을 때가 서른여섯이었다는 이야기는 아버지께 들었다. 비록 내가 의사는 아니지만 시골에서 동네 주치의가 되겠다고 꿈꾸었던 할아버지의 뜻을 잇고 싶었다. 또 할아버지가 돌아가셨다는 나이가 되기 전에 나의 꿈도 형태를 갖추기를 바랐다. 그러다 보니 마음이 급했다.

우리 부부는 하던 일을 정리하고 지바로 이사를 했고, 몇 달 후에는 드디어 바라던 고택(지은 지 약 50년 된 민가)을 찾았다.

빵집을 열려면 개업 자금이 2,000만~3,000만 엔은 있어야 한다고들 했지만, 나와 마리가 5년 동안 모은 돈은 고작 600만 엔이었다. 웬만한 일은 우리 손으로 직접 해결해야 했다. 우선은 한동안 사람이 살지 않아 집안 곳곳에 무성하게 자란 대나무부터 베어냈다. 귀신이라도 나올 것 같은 헛간을 공방으로 단장하는 공사는 친구, 지인의 힘까지 빌려가며 마무리했다.

그런 다음 수련 시절의 연줄을 이용해 중고 제빵 기자재를 찾아다녔다. 처분을 못해 끌어안고 있는 물품이 있다고 하면 공짜로 받아와 설치했다. 기자재 운반도 대부분 우리 손으로 마쳤다. 이삿짐센터에서 아르바이트로 일한 경험이 그렇게 유용하게 쓰일 줄은 생각지도 못했다.

준비과정은 예상 외로 시간이 많이 걸렸지만 2008년 2월, 우리는 개업을 앞두게 되었다. 서른여섯 직전에 간신히 이룬 슬라이딩 세이프였다. 만난 지 7년 만에 우리는 그렇게 시골빵집의 문을 열었다. 그때 모코는 세 살이었다.

우리가 우리 소유의 '생산수단'을 손에 넣은 시점이었다.

사회를 발효시키는 소상인들의 유대

마르크스는 이렇게 말했다. "자본주의 경제의 모순은 생산수단을 가지지 못한 노동자가 자신의 노동력을 팔 수밖에 없는 구조에서 발생한다." 그래서 마르크스는 노동자가 모두 생산수단을 공유하는 공산주의(사회주의)를 지향한 것이다. 그런데 미안한 말이지만 그 방법이 잘 돌아갈 거라고는 생각지 않는다. 오히려 이 시대는 한 사람 한 사람이 각자의 생산수단을 가지는 길이 효과적인 해결책이 될 거라고 본다.

그 의미를 잘 표현한 것이 '소상인'이라는 단어다.

나는 이 단어를 히라카와 가쓰미[平川克美]의 『소상인이 돼라』라는 책을 통해 알았다. 책을 읽고 나서 공감하는 바가 많아 자주 차용한다. 우리 안에 있는 힘, 잠재능력을 살리는 삶과 일이 천연균과 자연재배, 또는 '빨셈의 빵'이라는 발상과 비슷하기 때문이다.

"노동자가 자신의 생산수단을 사적으로 소유하는 것이 소경영의 기초이며, 소경영은 사회적 생산과 노동자 자신의 자유로운 개성을 발전시키기 위한 하나의 필요조건이다."(『자본론』 1권 7편 24장)

"노동자의 기술 숙련, 타고난 발상 능력, 자유로운 개성이 연마되는 학교."(앞과 같음)

위의 인용문들에서 볼 수 있듯이 일하는 사람의 개성과 잠재능력이 훈련되는 소상인(소경영)의 가능성은 마르크스도 높이 평가한 것 같다.

하지만 역사적으로 소상인은 불우한 시대를 맞는다. 마르크스가 살던 당시에도 이미 세계 최고의 자본주의 국가 영국과 자본주의 신흥국 미국에서는 압도적 대자본이 정부와 손을 잡고 있었으니 소상인들은 숨이 간당간당한 상태였다.

일본도 예외가 아니다. 1957년에 1,038만 명이었던 자영업자(개인사업자)가 2012년에는 거의 반으로 줄어 561만 명까지 감소했다(총무성 통계국 노동력 조사). 취업자 수 중 자영업자의 비율은 1957년에 24.2%였던 것이 2012년에는 10%도 안 되는 9%에 불과했다. 고도경제성장기 이후 엄청난 기세로 줄고 있음을 알 수 있다.

하지만 지금이야말로 소상인의 시대가 아닐까? 교통과 통신 인프라가 정비되어 규모가 작아도 충분히 돌아갈 수 있는 환경이 만들어졌기 때문이다. 특히 인터넷과 소셜 미디어는 정보의 수집과 발신을 자유롭게 만들었다. 이 얼마나 큰 무기인가?

우리 집 빵은 한마디로 표현하기가 참 어렵다. 그래서 더욱 블로그나 트위터, 페이스북을 이용해 우리가 만드는 빵과 우리 가게에 대해 정성껏 알리는 데 힘을 쏟고 있다. 사실 이 일은 마리의 몫이 크다. 전적으로 마리에게 기대는 상황이기 때문이다. 정성과 진심을 담아 열심히 빵을 만들고, 소비자에게 말을 건넨 결과 시골빵집은 지난 5년 동안 살아남을 수 있었다.

소셜 미디어를 통해 탄생한 유대관계는 고독한 싸움이 되기 십상인 소상인들에게 용기를 준다. 같은 지향점을 가진 소상인 친구들의 활약을 보면 힘든 시기를 다시 한 번 버텨낼 힘이 솟는다.

커져가는 소상인 연합

우리 가게에서는 밀가루를 돌절구로 빻는다. 물론 손으로 빻는 것은 아니고 가루를 내는 부분에 돌이 장착된 전동 돌절구 제분기다.

이렇게 빻은 가루는 전립분이라고 하는데 겉껍질까지 포함해서 낟알을 통째로 간 상태를 말한다. 일반적으로 유통되는 하얀 밀가루와는 조금 다르다. 전립분과 밀가루는 쌀로 치면 현미와 백미의 관계다. 현미의 쌀겨에 쌀이 발아하기 위한 에너지가 들어 있는 것처럼 밀 껍질에도 에너지가 듬뿍 들어 있다.

먹거리는 통째 먹는 것이 좋다는 매크로바이오틱(macrobiotic)이나 홀 푸드(Whole Foods)의 개념이다. 생명은 음식 전체에 깃들어 있으므로 식품은 있는 그대로를 통째로 먹어야 비로소 생명의 에너지를 받아들일 수 있다. 채소나 과일을 껍질째 먹고, 생선을 뼈째 먹고, 쌀이나 밀을 정백하지 않은 현미나 전립분의 형태로 먹는 것이 인간의 생명을 건강하게 키운다는 생각인 것이다.

가게에서 빻은 전립분은 효모도 만들고(전립분 효모) 빵 반죽으로도 사용한다. 단, 전립분만 쓰면 입자가 너무 거칠어서 반죽이 잘되지 않기 때문에 반죽을 할 때는 밀가루를 섞는다.

그 밀가루를 지금은 서일본의 제분회사에서 들여오는데, 가능하다면 밀가루도 가게에서 제분했으면 좋겠다. 그렇게 해서 하나의 밀로 빵을 만들어야 진짜 홀 푸드가 될 것이다. 그러기 위해 우리는 새 제분기를 구입할 생각이다.

우리가 자가 제분을 양보하지 않은 데에는 또 한 가지 이유가 있다. 소규모 상업을 꾸리는 농가에 힘을 보태줄 수 있고, 의욕적인 농가와 유대관계를 맺고 싶었기 때문이다.

1960년대에는 농촌에 소규모 제분소가 많이 있었다. 제분소 주변을 둘러보면 곳곳이 밀밭이었다. 그런데 밀 수입이 늘면서 상황이 급변했다. 대형 제분업체가 해안지역에 거대 제분공장을 짓고 제분시장을 석권하자 소규모 제분업자들은 하나둘 문을 닫았다. 작은 농가들은 밀을 재배해도 팔 곳이 없어졌다. 멀리 해안지역까지 운송할 수도 없는데다 애당초 대형 제분업체는 소량은 상대도 해주지 않았다.

그러는 사이에 값싼 수입 밀에 밀려 국내 밀 생산은 점점 힘을 못 쓰게 되었다.

우리는 '지역 농업과 함께 사는 빵집', '밭에서 시작되는 빵'을 꿈꾼다. 지역에서 농사 짓는 사람이 사라지면 우리 집 빵은 만들 수가 없고, 우리가 지향하는 경제는 실현할 수 없게 된다. 그래서는 안 된다. 그러니 제분기가 있으면 밀을 재배하는 농가도 늘지 않을까 생각한 것이다.

자가 제분은 소규모 상업을 꾸리는 농가와의 유대관계를 만드는 수단이기도 하다며 이런저런 계획을 세우던 우리 부부는 가쓰야마 인근에 사는 든든한 부부 생산자를 만났다. 홋카이도대학 대학원에서 농학을 전공한 그 30대 부부는 '노리랑카'라는 농원을 운영했다.

"자연농을 실천해보니까 대학원에서 연구했던 내용이 홱 뒤집히는 느낌이에요!"

대학원에서 배운 내용과 실천을 결합시켜 자연의 힘으로 작물을 키우는 사람들이었다. 그런 그들이 우리를 위해 밀과 채소를 제공하고 싶다고 의뢰를 해왔다. 물론 우리로서는 더할 나위 없이 기쁜 소식이었다. 앞서 언급했던 히루젠코게만큼 든든한 동지들이다.

히루젠코게의 세 사람과 이탈리안 레스토랑 일 리코타로의 다케우치 씨, 와인 양조에 도전하는 호사카 부부는 모두 시골에서 활약하는 소상인들이다. 이곳 가쓰야마 주변에서는 자연과 마주하며 큰 뜻을 품고 살아가는 의욕적인 소상인 연합이 눈에 띄게 늘고 있다.

부패하는 경제를 키우는 유쾌한 동지들

이제 우리 가게에서 일하는 스태프에 관해 소개할까 한다. 우리 스태프들은 하나같이 개성이 넘치는, 독특한 재주와 경력의 소유자들이다.

대학원에서 초산균을 연구해 발효에 관해 잘 아는 미우라 히로시[三浦弘嗣] 군은 2011년 봄에 석사과정을 끝내고 와서 맥주효모 제조를 돕고 있다.

참고로 일반인들이 즐겨 마시는 필스너(Pilsner) 맥주의 기원지는 체코의 필젠(Pilsen)이라는 마을이다. 그러고 보니 필젠은 우리가 물을 가져다 쓰는 히루젠과도 비슷한 발음이다. 그래서 우리가 만든 맥주효모 빵을 여기서는 '힐스너 맥주' 빵이라 부른다.

프렌치 레스토랑과 빵집에서 수련한 경험이 있는 20대 후반의 미나토 다카미쓰[湊貴光] 군은 빵과 요리 모두를 해내는 재주꾼이다.

지바 시절부터 우리 부부는 시골을 거점으로 '진짜'에 인생을 거는 사람들이 많아졌으면 좋겠다고 생각했다. 내가 10대, 20대를 낭비한 것에 대한 후회가 큰 만큼 요즘 젊은이들에게는 한 살이라도 어릴 때 도전해보라고 말하고 싶었던 것이다.

그런 의미에서 우리 가게 스태프들은 그저 높은 연봉에 이끌려 도시나 외국계 금융회사를 목표로 삼은 사람들과는 또 다른 높은 목표를 가진 이들이다. 시골의 풍요로운 자연 속에서 균을 통해 바라보는 세계는 글로벌화라는 이름의 미국 일변도 세계보다 넓고 깊다.

이런 일에 도전하는 이가 한 사람이라도 더 많아졌으면 좋겠다는 생각은 이곳 가쓰야마에 와서부터 조금씩 현실이 되고 있다. 소규모 상업에 뛰어드는 동료들이 늘어나고 균과 놀면서 일하는 우리를 긍정적인 시선으로 바라보는 사람들도 늘어나고 있다. 그들이야말로 부패하는 경제를 키우는 유쾌한 동지들이다.

소상인은 이윤을 노리지 않는다

우리가 지향하는 소상인의 핵심 가치는 바로 이윤을 추구하지 않는 것이다.

규모만 작다고 해서 소상인이 아니다. 맨 처음에 빵을 배웠던 빵집은 규모로만 보면 종업원 수가 몇 안 되는 작은 빵집이었지만 가게의 실상은 『자본론』에 등장하는 저가 판매업자와 다를 바 없었다. 이윤의 노예가 되었기 때문이다. 부패하지 않는 돈은 이윤을 낳는다. 그 이윤을 위해 종업원은 죽어라 일해야 했고 사장은 천연효모 빵이 아닌데도 그렇다고 소비자를 속였다.

그렇다면 이윤을 남기지 않는 장사는 어떻게 하면 실현될까?

이윤이 생기는 시스템을 생각해보면 쉽게 이해할 수 있다. 이윤은 노동자가 월급보다 많이 생산하고 그만큼을 자본가(경영자)가 가로챌 때 발생했다. 그 말은 곧, 노동자가 생산한 만큼 노동자에게 정확히 돌려주면 이윤은 발생하지 않는다는 이야기가 된다.

그렇지만 그것을 실현시키기란 결코 말처럼 쉽지 않다. 우리도 개업 2년이 지나자 직원을 고용했고 당장 그 문제에 직면했다. 노동자가 창출한 것이 어디까지인지 명확하지 않았다.

"스태프 월급 말이야, 어떻게 할까? 마르크스 말대로라면 이윤을 내기 시작한 순간 착취로 이어지는 건가? 나는 착취를 하면서까지 빵을 만들고 싶지는 않아."

"이윤이라는 건 돈을 번다는 거지? 그럼 안 벌면 되는 거네. 나한테 예전 경험이 있잖아. 할 수 있어."

마리가 다니던 회사는 일반적인 회사조직이 아니라 '워커즈 컬렉티브(worker's collective)'라는 노동자 생산 협동조합이었다. 일본에서 시작된 이 조직은 노동자가 직접 출자해서 매출과 노동에 따라 매달 월급을 정하는 색다른 형태의 공동체다. 전원 출자, 전원 노동, 즉 모두가 자본가(경영자)이자 노동자인 셈이다. 여기서는 이윤을 자본가가 챙기는 것이 아니라 대략적으로 말하자면 매출에서 비용을 제외한 영업이익을 출자비율에 따라 전원이 나눠가지게 된다.

"그렇지만 스태프한테 출자를 받기는 어렵지."

"그렇지. 그럼 돈의 흐름을 스태프에게 공개하면 어때? 그렇게 하면 우리가 착취하지 않는다는 사실을 알릴 수도 있고, 어디에 얼마만큼의 돈이 사용되는지를 서로가 알면 스태프도 경영 의식을 가질 수 있지 않을까?"

"오, 좋은데! 그렇게 하자."

일반적인 외식산업과 빵집에서는 인건비와 재료비를 대략 30%씩 잡아서 60% 이내에서 해결하는 것이 상식이다. 그에 비해 우리 가게의 경비 내역은 일반적이지 않다. 인건비와 재료비가 각각 매출의 40% 정도이고 합하면 80%를 조금 넘는다. 우리는 이런 경비구조하에서는 이윤을 낼 재간도 없고, 착취도 할 수 없다는 점을 종업원에게 이해시킨다.

이런 구조인데도 가게가 굴러가는 것은 전적으로 임대료가 싼 시골이기 때문이다. 소상인의 입장에서는 일손과 재료가 생명이다. 바로 그 부분에 확실하게 돈을 쓰고 경영하려면 시골은 그야말로 합리적인 장소라고 생각한다.

다만, 이윤을 추구하지 않는다고 해도 적자를 예사로 내서는 가게가 존속할 수 없다. 수입과 지출을 엇비슷하게 맞추고 손익분기점을 넘는 것이 중요하다. 이윤 제로, 손익분기점 달성을 이루고 나면 투자한 만큼은 반드시 돌아온다(월급도 투자의 일부). 그렇게 가게는 굴러간다. 이윤 덕에 덩치가 커지지도 않고 손실 탓에 위축되지도 않는 상태에서 다음날도 변함없이 빵을 구울 수 있는 것이다.

'다음번 투자를 위해 이윤은 꼭 필요하다.'라고들 하는데 그것은 결국 생산규모를 키워서 자본을 늘리려는 목적 때문에 나온 말이다. 동일한 규모로 경영을 지속하는 데에는 이윤이 필요치 않다.

농약은 쳐본 사람이 무서운 줄 안다

우리 가게에서 이윤을 내기는 쉽다. 영업일수를 늘려서 빵을 더 팔면 된다. 노동시간을 늘려서 종업원들에게 빵을 더 만들게 하는 방법도 있다. 재료비를 일반 빵집 수준의 원가율로 낮추기만 해도 이윤은 남는다. 천연균이니 뭐니 하는 어려운 길을 포기하고 시판되는 순수 배양균을 쓰면 지금보다 훨씬 편한 방식으로 돈을 왕창 벌 수 있다.

하지만 노동시간을 늘리면 종업원들이 고생을 하게 되고, 순수 배양균을 쓰면 제빵사로서의 기술이 늘지 않는다. 그런 식으로는 아무리 빵을 많이 만든다 해도 이름뿐인 제빵사만 한 명 더 늘리는 결과가 될 것이다.

재료값을 후려서 싸게 사는 방법도 당치않다. 우리가 소중히 여기는 자연재배 생산자들은 자연의 힘에 거스르지 않고, 자연의 생산력을 지키면서 자연을 키우고 작물을 재배하는 사람들이다. 이른바 '생명 지킴이'인 그들에게서 재료값을 깎는다는 것은 생명을 키우는 자연을 내 손으로 망가뜨리는 거나 다름없는 짓이다.

결국 우리는 풍요로운 자연을 잃게 되고 스스로 우리의 목을 죄는 결과를 초래하게 된다.

식품 허위표시, 농약 또는 화학비료, 첨가물, F1(잡종 제1대)이나 유전자 조작 씨앗은 모두 값싼 먹거리를 무한히 추구하는 구조 속에서 탄생했다. 가슴 아프게도 먹거리를 생산하는 사람들 사이에서는 '팔려고 만든 상품은 절대 먹지 않는다', '내가 먹으려고 재배한 쌀이나 채소에는 농약을 치지 않는다'는 이야기가 상식처럼 회자되고 있다. 확실히 농업 분야에서 농약이 얼마나 무서운지를 제일 잘 아는 사람은 실제로 농약을 쳐본 사람이다.

우리는 이런 사실을 너무나도 잘 알고 있다. 비싸다고 다 믿을 수 있는 것은 아니지만 싸게 산 만큼 그 대가는 우리가 치러야 할 몫으로 돌아오게 되어 있다.

정당하게 '비싼' 가격에 빵 팔기

마르크스가 밝힌 자본주의의 메커니즘을 다시 한 번 떠올려보자.

상품의 가격을 떨어뜨리면 노동력이 값싸지고 노동력이 값싸지면 상품 가격도 떨어진다. 그 끝없는 반복 속에서 상품과 노동력의 질이 갈수록 떨어지는 것이 자본주의의 구조적인 숙명이었다. 그런 의미에서는 인플레이션과 디플레이션도 부패하지 않는 돈이 만들어낸 병리 현상이다. 자본주의와 한 뿌리에서 나왔음은 두말할 나위도 없다.

우리는 자본주의의 모순이 빚어내는 악순환의 고리를 끊고 싶다. 그러려면 정반대로 행동할 필요가 있다. 상품과 노동력의 교환가치를 높게 유지하는 것이다.

기술자는 기술과 감성을 연마하여 노동력의 교환가치를 높게 유지하면 된다. 그리고 기술자이자 생산자가 만든 높은 교환가치의 재료(상품)를 구입하면 된다. 그렇게 상품 하나하나를 정성껏 만들고 상품의 교환가치를 높게 유지해야 소상인이 소상인으로서 살아남을 수 있다.

상품을 정성껏 만드는 것만큼 중요한 일이 상품을 소비자에게 제대로 전달하는 일이다. 소비자에게 전달되지 못하면 아무리 열심히 만든 상품이라도 무의미하다.

그러기 위해서는 빵에 포함된 사용가치와 교환가치를 부당하게 부풀리지도 깎아내리지도 않으면서 누가 어떻게 만들었으며 어떤 의미가 있는지를 정중하고 공손하게 전하는 노력이 필요하다.

스스로 의심스럽고 이상하다고 여기는 것, 즉 품질과 안전성을 확신할 수 없는 재료는 쓰지 않는다. 자신이 믿을 수 있는 재료 및 균과 제법만을 이용해, 자신이 믿을 수 있는 빵을 만든다. 그리고 자신이 믿을 수 있는 것에는 정당한 가격을 제대로 지불한다.

이윤을 내지 않겠다는 것은 그 누구도 착취하지 않겠다는 의미, 즉 그 누구에게도 상처를 주지 않겠다는 의미다. 우리는 종업원, 생산자, 자연, 소비자 그 누구도 착취하지 않을 것이다. 그러기 위해 필요한 돈을 필요한 곳에 필요한 만큼 올바르게 쓰고, 상품을 정당하게 '비싼' 가격에 팔 것이다. 착취 없는 경영이야말로 돈이 새끼를 치지 않는 부패하는 경제를 만들 수 있다.

마지막 만찬이 된 다루마리의 빵

우리는 이윤을 남기는 대신 빵 속에 수많은 생각을 담는다. 우리가 만드는 빵은 자가 제분 과정부터 엄청나게 손이 많이 가는 만큼 생각이 들어갈 수밖에 없다.

사실 밀을 빻기 전에도 공정이 있다. 밀은 낟알 상태로 들여오는데, 그 속에는 밀보다 크기가 약간 작고 검은 잡초 씨앗이 섞여 있다. 수확 때 섞여 들어간 그 씨앗을 일일이 손으로 골라내는 작업이 우리 집 제빵 공정의 첫 단계다.

끈기가 필요하고 효율도 낮은 일이지만 그 시간은 우리가 빵을 만드는 의미를 새삼 깨우쳐주는 넉넉한 시간이기도 하다. 밀에서 풍기는 향기를 맡으면 밀이 생명을 열심히 유지해왔음을 느낄 수 있다. 밀을 보면, 땀 흘리며 밭을 갈았을 생산자의 생각도 함께 읽을 수 있다.

섞여 들어간 잡초 씨앗도 살아 있는 생명이다. 다음 세대를 품을 생명의 힘이 깃들어 있다. 그뿐 아니라 밀과 잡초 씨앗에는 땅에 사는 벌레들과 미생물의 모습도 겹쳐 보인다. 땅에도 많은 균이 살고 있다.

씨앗을 골라내는 작업을 통해 우리는 빵이 탄생하는 과정 중에 있는 무수한 생명을 느끼고, 그 생명들이 품은 생각도 느낄 수 있다. 그 모두가 우리 집 빵 안에 스며들 것이다.

우리처럼 볼품없고 희한한 빵집이 고맙게도 5년이나 빵을 구울 수 있었던 것은 넘치는 생각들이 전해져야 할 곳에 제대로 전해졌기 때문이 아닐까 싶다. 생각이 듬뿍 담긴 빵을 따뜻하게 받아주는 사람들이 있기에 우리는 오늘도 빵을 구울 수 있다.

언제였던가. 단골손님이 임종이 얼마 남지 않은 아버지께 빵을 보내달라는 주문을 한 적이 있다.

“아버지는 빵을 참 좋아하셨거든요. 돌아가시기 전에 꼭 빵을 대접하고 싶어요. 다루마리의 빵을 드시고 편안하게 눈을 감으시면 좋겠습니다.”라는 의뢰였다.

늦지 않게 보내드릴 수 있을까? 평소보다 더 진심을 담아 빵을 구웠다. 그 빵에 쏟은 우리의 마음이 전해지도록 택배 포장에도 온갖 정성을 쏟아 급히 보냈다. 얼마 후 다시 연락을 받았다.

“저희 아버지는 다루마리의 빵을 드시면서 돌아가셨습니다. 입에 문 빵 한 조각을 맛있게 천천히 음미하면서, 미소를 띤 채 조용히 숨을 거두셨습니다. 그 댁 빵이 저희 아버지의 마지막 만찬이었습니다.”

빵은 생명의 양식이 되고 마음의 양식이 된다. 빵은 먹는 이의 몸과 마음을 살찌운다. 우리 집 빵은 정말 그렇게 하고 있을까?

그렇게 매일 나 자신에게 물으며 빵을 굽다보니 어느새 5년이 흘렀다. 주변에 우리를 지지해주는 사람들도 늘었다. 이렇게 기쁘고 고마운 일은 또 없다.

우리는 앞으로도 이윤보다 더 소중한 것을 위해 빵을 굽고 싶다.

5장

빵을 키우고 사람을 키우는 또 하나의 도전

주종 빵이 만들어지기까지 10

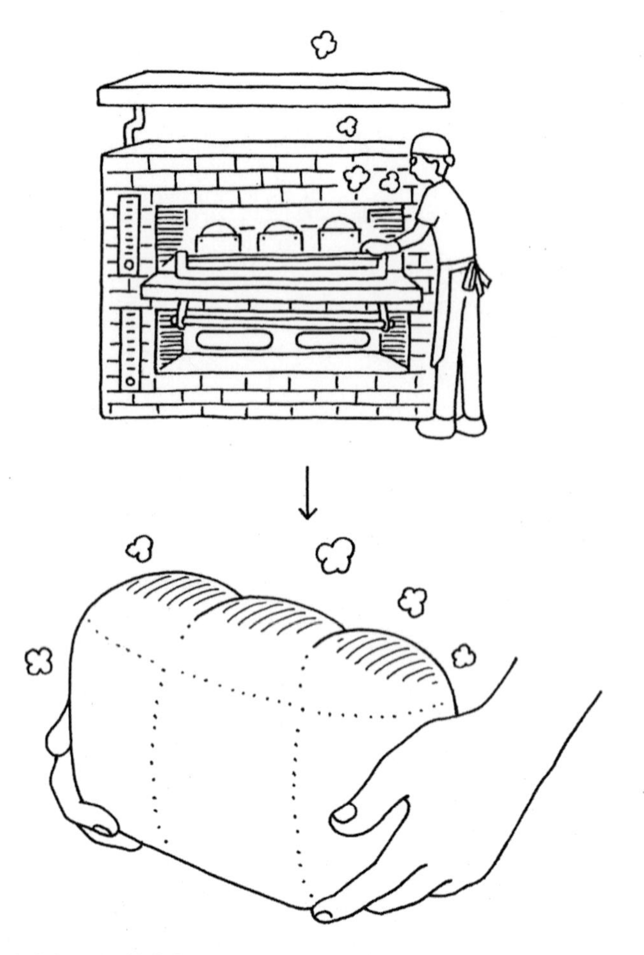

가마에서 구우면 완성!

밀 향기를 맡으며 시작하는 빵집의 하루

새벽 4시. 태양의 기운을 느끼기에는 이른 시각부터 우리 빵집의 일과는 시작된다.

아직 깊은 잠을 자고 있을 마리와 두 아이 모코, 히카루를 깨우지 않으려고 살금살금 계단을 내려오면 공방으로 통하는 문이 보인다. 그 문 앞에 서는 순간, 나는 빵을 굽는 장인으로 변한다.

공방 문을 열면 변함없이 은은한 밀 향이 콧속을 간지럽힌다. 아침에는 만사 제쳐두고 전날 섞어둔 빵 반죽의 발효 상태부터 검사한다. 눈으로 보고, 향을 맡고, 손가락으로 탄력을 확인한 다음에는 한 조각 뜯어 혀로 맛을 본다. 그래, 이 맛이다. 내가 잠을 자는 동안에도 천연균은 열심히 일했다.

잠시 후면 바깥 미닫이문을 살그머니 열고 스태프들이 출근한다.

순식간에 작업을 분담하고 발효 상태가 좋은 반죽부터 적당한 크기로 분할해 모양을 만든다. 그 상태로 다시 한 번 숙성시키는데, 반죽이 충분히 부풀어오른 것부터 가마에 넣어 순서대로 굽기 시작한다.

이 과정을 하루에도 몇 번씩 반복하는 것이 빵집 공방의 일이다. 말로 하면 단순하지만 실제로는 상당히 고되다.

우리 가게에서는 요일별로 메뉴를 바꿔가며 하루에 서너 가지 효모로 스무 종류 안팎의 빵을 만든다. 발효 온도를 관리하고, 순서를 정해서 차례대로 빵을 구우려 하지만, 균이 사람 사정을 봐주지는 않는 법.

먼저 구우려 했던 것이 발효가 늦어지고, 나중에 구우려 한 것의 발효가 너무 빠른 일은 비일비재하다. 밖이 훤히 밝아지고 집 앞 거리를 지나던 사람들이 유리창으로 가게 안을 들여다볼 때쯤이면 공방에서는 균들의 흥미진진한 기록경기가 펼쳐진다.

균과 아이들에게 배우다

균은 살아 있다. 살아 있으니 우리 인간들과 마찬가지로 환경의 변화에 따라 컨디션이나 기분이 이랬다저랬다 한다. 기운이 왕성할 때가 있는가 하면 풀죽어 있을 때도 있다. 말을 잘 들을 때도 있지만 엇나

갈 때도 있다. 기온, 습도, 반죽에 들어간 물 양, 소금 양, 반죽을 치댄 정도 등 하루 일과 중 제일 먼저 균의 컨디션과 기분을 살피는 이유는 그만큼 중요하기 때문이다.

변화무쌍하기로 치자면 환절기를 무시할 수 없다. 날씨가 갑자기 푸근해지거나 싸늘해지면 균들도 변화를 따라잡기 힘들어한다. 그래서 생각보다 발효가 더 되거나 덜 되는 일이 많다. 균이란 녀석들은 대체로 더운 날을 좋아해서 기온이 떨어지면 맥을 못 춘다. 특히 누룩균은 일본의 축축하고 무더운 날씨를 아주 좋아해서 장마 이후 여름철이 끝날 때까지가 제일 왕성한 활약을 보인다.

그래도 내가 경험한 것 중에서 제일가는 변화는 지바에서 가쓰야마로 이전한 일이다. 터가 바뀌면 균도 바뀌고 기후도 바뀐다. 게다가 우리는 물을 바꾸고 재료상도 완전히 바꾸었다. 지나칠 정도로 모든 것이 바뀌자 처음에는 나 자신부터 적응하느라 애를 먹었다. 그래서 발효가 안정적이지 않았고 이사 후 1년이 지나도록 편히 잠든 날이 없었다.

마흔을 넘긴 처지에 쉽지 않았던 재출발이었는데, 시간이 지나자 새로운 환경에도 조금씩 익숙해졌다. 이곳 가쓰야마의 물은 사람뿐 아니라 균과 작물이 느끼기에도 순했던 모양인지 발효가 대단히 부드러워졌다.

그런데 신기하게도 만드는 사람의 기분이 균에 전달된다고밖에 생각할 수 없는 일들이 일어난다. 내 기분이 불안정할 때는 효모나 반죽의 발효가 거칠어지고, 반대로 내가 편안하면 발효도 차분한 느낌을 준다는 것이다. 매일 균을 마주하는 기분이란 그런 것이다.

균은 손이 많이 가는 자식 같다. 부모가 자식에게 해줄 수 있는 일이란 사랑해주고 아이가 잘 자랄 수 있는 환경을 만들어주는 것뿐이다. 빵을 만드는 자가 균에게 해줄 수 있는 일도 그와 유사하다. 애정으로 균을 대하고, 균이 잘 자랄 수 있는 자리를 만들어야 한다. 살아있는 균의 힘을 빌려서 빵을 만들어야 하니 균이 잘 활약할 수 있는 터를 다져주는 것이다. 그것이 빵 만드는 자의 역할과 일을 가장 단순하고도 정확하게 표현한 말이다.

나는 균에게도 매일 배우지만, 동시에 마리와 아이들을 보면서도 많이 배운다.

큰 아이 모코는 병원에서 낳았다. 종이기저귀는 쓰기 싫다며 마리는 천기저귀를 고집했고, 덕분에 빨아도 빨아도 쌓이는 기저귀 빨래에 우리는 심신이 지쳤다. 아이 키우기는 힘들었다. 마리는 엄마로서의 자신감을 잃기도 했지만 뭔가 잘못됐다는 생각을 했던 모양이다.

그래서 둘째 히카루는 집에서 낳았다. 8개월쯤 되었을 때 기저귀 안 쓰는 육아법을 알게 되었다. 아이를 안고 있다가 조금이라도 응가를 할 기미가 보이면 마당으로 데리고 가 변을 보게 했다. 그랬더니, 전에는 항상 설사 기가 있어서 자주 기저귀를 갈던 아이의 변이 거짓말처럼 좋아졌다. 기저귀 안 쓰는 육아법을 몰랐다면 지진 때문에 기저귀 구하기가 힘들었던 시기에 더 크게 당황했을 것이다. 아이들의 생리에 맞춘 육아법은 결과적으로 자연에도 좋고 비상시에도 흔들리지 않는다.

마리는 "지금 와 생각해보니, 아기들은 기저귀 젖는 느낌이 싫어서 배변 조절도 잘 못하는 건가봐."라는 이야기를 한다. 말 못하는 아기들이 보내는 신호를 엄마가 알아채는 것이 제일 좋은 것이다.

균과 아이들. 자연을 살아가는 그들에게서 우리는 매일 배운다.

번개를 '벼의 마누라'라 부르는 이유

아이가 보내는 신호를 엄마가 알아차려야 하는 것처럼 빵 굽는 사람은 균과 재료의 상황을 간파하는 눈이 필요하다. 그런 눈이 있어야 기술을 살리고, 기술이 있어야 눈도 더 예리해진다. 말은 이렇게 하지만 나도 그 눈 때문에 빵을 망쳐버린 경험이 종종 있다.

눈의 중요성은 자연을 상대하는 온갖 직업에 다 해당된다고 생각한다. 자연의 상황과 변화를 알아차리는 감성이 있어야 자연의 힘을 빌려 땅을 다지고 터를 만들 수 있다.

지바에 있을 때 자연재배 농가였던 다나하라 씨에게 재미있는 이야기를 들은 적이 있다.

"번개(이나비카리, 稲光)를 다른 말로 뭐라 하는지 아나?"

"글쎄요."

"이나즈마라고 하지, 이나즈마."

"아, 그야 그렇죠."

"그럼, 그 이나즈마라는 말의 한자를 어떻게 쓰는지 아나?"

"그게…… 잘 모르겠는데요."

"벼 도(稻)에 아내 처(妻)를 쓴다네."

"예? 왜요?"

"번개가 치면 공기 중의 질소가 물속에 몇 톤이나 녹아들거든. 공기 중의 질소가 비에 녹아들면 그 물이 땅을 비옥하게 하고 그 덕에 벼가 여물지. 그래서 번개를 벼의 마누라라고 하는 거야. 옛날 사람들은 과학을 몰랐어도 오감과 경험으로 자연을 속속들이 알았던 거지."

질소는 작물에 꼭 필요한 영양분으로 인산, 칼륨과 함께 비료의 3대 요소로도 알려져 있다. 어째서 질소가 작물에 필요한가 하면 단백질을 만드는 재료가 되기 때문이다. 식물은 단백질로 잎과 뿌리와 줄기를 만들어 자신의 몸을 성장시킨다.

질소는 공기의 약 80%를 차지하지만 대부분의 식물은 공기 중의 질소를 직접 흡수할 수 없어 대기 중에서 흙에 녹아든 질소를 뿌리를 통해 흡수해야 한다. 대기 중의 질소가 흙에 흡수되는 경로는 크게 두 가지인데 그 중 하나가 번개의 방전작용인 것이다.

'벼의 마누라'라는 이름은 아주 오래전 고대로부터 사용되었다. 고대인들은 번개의 정체인 전기나 질소라는 원소가 식물의 중요한 양분이 된다는 사실은 몰랐을 것이다. 하지만 번개가 치고 나면 벼가 잘 여문다는 사실은 깨닫고 있었다. 옛날 사람들은 아주 예민한 눈을 가지고 있었던 것이다.

균에 이끌려 다니는 삶,
거기서 얻는 행복감과 안도감

인간은 최근까지 자연 속에서 살아왔다. 그렇게 생각하면 기계와 문명에 둘러싸인 지금의 삶이 인류 역사에서는 특별한 환경인 것이다.

그래서일까? 매일 천연균을 접하며 일하다보면 너무나도 신기한 경험을 하게 된다. 자연의 거대함과 알 수 없는 깊이에 압도되어 인간의 힘이란 얼마나 초라한지 절감하는 한편, 자연과 관계를 맺고 살아가는 기분 좋은 안도감이 가슴속에서 솟아오르는 것이다.

천연균은 변덕쟁이다. 물론 균에는 균의 사정이 있겠지만 사람이 그 사정을 알 수 없어서 그렇게 느끼는 것인지도 모르겠다. 그래도 매일 균에게 휘둘리며 사는 것은 사실이고, 그래서 나는 더 재미있고 그만둘 수 없는 것이다.

균에 이끌려 다니다보면 가끔 자연의 신비와 생명의 본질 같은 것들을 엿볼 수 있는데 그럴 때는 그 누구도 본 적 없는 세계를 나 혼자만 훔쳐보았다는 흥분에 휩싸인다. 이렇게 즐거운 일은 좀처럼 없지 싶다.

발효와 빵 만들기는 둘 다 끝없이 반복되는 과정이다. 끝이 없기 때문에 해도 해도 신선하고, 경험하면 할수록 새로운 길을 보게 된다. 자연을 상대하는 노동이 주는 기쁨이 바로 여기에 있다.

기술을 뒷받침하는 눈은 온몸에 달려 있다

대기 중의 질소가 흙에 흡수되는 또 하나의 경로는 콩과 식물의 뿌리에 서식하는 균의 작용이다. 옛사람들은 논두렁에 대두를 심거나 모내기를 하기 전에 연꽃을 심었다.

대두나 연꽃은 콩과 식물이다. 뿌리에 서식하는 균은 대기로부터 질소를 흡수해 토양을 비옥하게 만든다. 벼는 그 영양분을 찾아 뿌리를 내리고 흡수해 무럭무럭 자라는 것이다.

이런 자연의 이치를 깨달은 사람들은 감각을 예민하게 곤두세우고, 경험을 쌓아 자신의 힘으로 만들었다.

이런 관점에서 보면 지금 사회는 과학에 너무 의존하고 있는 것이 아닌가 싶다. 옛사람들은 과학이 없었어도 자연을 보는 눈과 감성을 키워서 자연 속에서 무슨 일이 일어나는지를 알았다.

발효의 세계가 그렇다. 과거에 사람들은 현미경 없이도 풍부한 발효음식문화를 만들어왔다. 발효와 부패는 종이 한 장 차이지만 그것을 자신의 눈과 감성으로 구별했다.

요새 사람들이 당연시하는 낫토와 요구르트도 그렇다. 대두와 우유가 일으킨 변화를 누군가가 용기 있게 먹어보았기 때문에 지금도 발효음식문화로 이어지고 있는 것이다. 분명 지금 남아 있는 음식문화의 배경에는 옛사람들의 무수한 시행착오가 있었다.

제조 기술의 우수함을 뒷받침하는 것은 기술자의 예민한 감각이다. 숙련공은 수작업으로 금속 표면을 거울처럼 매끈하게 다듬을 수 있고, 카메라 렌즈를 한 치도 틀림없는 구면으로 완성시킬 수 있다. 절이나 궁궐을 짓는 궁목수[宮大工]는 자나 센서 없이도 대패로 깎아낸 나무 표면의 평평함을 판별한다. 그의 손끝에는 소수점 단위의 차이도 구분할 수 있는 섬세한 감각이 배어 있기 때문이다.

더군다나 궁목수의 손을 거쳐 탄생한 수평, 수직은 물리적인 수평, 수직이 아니라 인간의 눈으로 보았을 때 그렇게 느껴지도록 한 수평, 수직이다. 일부러 미묘한 파임을 주거나 기울어지게 한다는 것이다. 자의 직각에 의존한 것이 아니라 오로지 손 하나로 조정한다고 하니 그 미세한 감각이 놀라울 따름이다.

눈은 시각뿐만 아니라 모든 감각기관(오감)에 존재한다. 숙련공이나 궁목수의 손끝, 제빵사의 콧구멍과 혀에는 기술을 탄생시키는 눈이 달려 있다.

과학을 발전시킨 인류의 업적은 물론 대단하지만, 인간 각자가 지닌 내면의 힘도 크고 훌륭하다. 옛사람들이 할 수 있었다면 지금 사람들이 못할 이유가 없다. 과학의 힘에 밀려 멀어지고 사라진 인간 내면의 힘이 우리 안에 분명 존재한다.

뜨거운 도전 끝에
피어나는 꽃

물건이 흔한 세상인지라 만드는 사람은 자기 상품을 하나라도 더 팔기 위해 차이를 부각시키는 차별화나 브랜드의 중요성을 끝없이 강조한다.

하지만 시골빵집의 관점에서 보면 뭔가 이상한 방향으로 흐른다는 느낌을 지울 수 없다. 차별화하려고 만든 물건에도 크게 의미 있는 차이가 없기 때문이다.

개성이라는 것은 억지로 만든다고 생기는 것이 아니다. 상품을 만드는 사람이 진짜를 추구하는 과정에서 원래 가진 인간성의 차이가 기술과 감성의 차이, 발상의 차이로 이어질 때 나타나는 것이며, 필연적인 결과로서 드러나는 것이다.

제빵사의 길을 걷기 전 나는 남들과는 다른 일을 하고 싶다고만 생각했다. 게릴라 라이브를 감행해 학교 축제를 망친 것도 독특한 행동을 해서 튀고 싶었기 때문이다. 정학 기간이 끝난 다음에는 머리 양쪽을 바싹 깎고 가운데 부분만 기르는 모히칸 헤어스타일을 하고 다닐 정도였다.

나는 그때 진심을 다해 나를 던질 수 있는 일이 무엇인지 찾아야 했다. 그런데 그저 헤어스타일을 바꾸고 기발한 행동을 해서 손쉽게 남과 달라 보이는 방법을 좇았다. 나는 그렇게 들뜬 채 10대와 20대

시절을 보냈고, 헝가리에서 창피를 당한 뒤 30대가 되어서야 겨우 깨달았다. 내가 아무 것도 할 줄 모르고, 아무 것도 아니라는 것을 말이다.

현실을 있는 그대로 받아들이고 나서는 나도 쓸모 있는 인간이 되겠다는 생각 하나로 서른한 살에 빵집 문을 두드렸다. 첫 번째 빵집은 상상도 하기 싫은 곳이었지만, 그곳이 싫었던 만큼 두 번째 빵집에서 만난 히가시카와 선생님을 더욱 존경할 수 있었다. 그분을 만난 곳은 마리 친구의 소개로 알게 된 요코하마의 어느 빵집이었는데, 그분은 가게의 모든 일을 혼자서 꾸려가고 계셨다(지금은 도쿄 세타가야구 오쿠사와에서 '쿠피도CUPIDO'라는 빵집의 총괄 셰프로 일하신다).

히가시카와 선생님에게는 매일 개인지도를 받다시피 했다. 선생님은 "빵은 사람의 입으로 들어가고, 입으로 들어간 음식은 우리 몸이 된다. 그러니까 빵은 사람의 생명을 만드는 물질인 셈이다. 책임감을 가지고 만들어야 한다."고 가르치셨다. 빵을 만드는 자세부터 시작해 빵 굽는 일이 얼마나 재미있는지, 또 얼마나 힘든 일인지를 철저하게 주입시켜주셨다.

덕분에 나는 진짜 천연효모를 발생시키는 법, 밀가루를 선택하고 반죽하는 법, 레시피에 이르기까지 모든 것을 배울 수 있었다.

빵을 좋아하고 자신의 목표에 대해 절대 타협하지 않는 선생님은 장인이라는 이름에 더없이 어울리는 분이었다. 그분은 하루도 빠짐없이 고민하고 연구하며, 레시피의 아주 작은 부분도 매일 바꾸어보셨다.

"가루 배합을 좀 달리 해볼까?"

선생님은 몇 종류의 밀가루를 섞어서 이상적인 맛과 식감을 내려고 애쓰셨다.

"물 양을 좀 줄여볼까?"

"가루를 물에 불리는 시간을 조금 늘려보자."

풋내기였던 나는 그 의미를 거의 이해할 수 없었지만 무조건 필사적으로 덤벼들었다. 퇴근 후에는 같이 놀자는 마리의 투정을 뒤로하고 레시피를 기록하고 그날 배운 내용의 의미를 파고들었다.

아쉽게도 몇 달 후 선생님의 건강상 문제로 가게는 문을 닫았고, 그 때문에 소중한 배움의 나날은 짧게 끝났지만 소년처럼 눈을 반짝이며 열정적으로 빵에 대해 가르쳐주신 선생님을 만나지 못했다면 그 후의 수련 시절을 견뎌내지 못했을지도 모른다. 내 가게를 열고나서도 매일 도전하겠다는 마음가짐을 잃지 않았던 것은 히가시카와 선생님의 장인 정신을 어깨너머로 배운 덕분일 것이다.

이제 빵을 만들기 시작한 지 10년이 지났다. 천연균과 자연재배에 빠져 산 세월이었다. 주위 사람들은 "빵집 중에는 이런 일을 하는 사람이 없다." "희한하고 재미있는 빵집이다."라고 말한다.

그동안의 경험을 통해 터득한 삶의 진리는 당장에 무언가를 이루려 해서는 안 된다는 것이다. 그래서는 될 턱이 없다. 죽기 살기로 덤벼들어 끝장을 보려고 뜨겁게 도전하다보면 각자가 가진 능력과 개성, 자기 안의 힘이 크게 꽃피는 날이 반드시 온다.

시골 마을의 장인들

이곳 가쓰야마는 자신의 수공예에 자긍심을 느끼는 장인들의 고장이다.

우리가 이곳에 자리 잡는 데 물심양면으로 애써준 가노 요코 씨는 우리 가게 바로 맞은편에서 히노키 초목염직 공방을 운영하는 초목염색과 직물 장인이다. 가노 씨는 가쓰야마의 상점가를 예쁘게 장식한 포렴을 만드는데, 우리 가게의 포렴도 가노 씨가 만들었다.

옆집에는 가죽제품을 만드는 장인, 건너편 대각선 쪽에는 스테인드글라스 등을 만드는 장인, 또 그 옆에는 덩굴 풀과 전통 종이인 화지로 등을 만드는 장인이 산다. 5분 정도 가면 '쓰지혼텐'이라는 양조회사가 있어 나처럼 발효를 업으로 연결시킨 장인을 만날 수 있다.

인구 만 명도 안 되는 작은 마을에 이렇게 많은 장인이 모여 산다는 것이 놀라운데, 그 중에서도 앞에서 이야기했던 '가쓰야마 죽세공' 장인인 히라마쓰 유키오 씨를 소개한다. 우리 가게와도 인연이 깊은 사람이다.

1977년생인 히라마쓰 씨는 노인복지 시설에서 일을 했는데 3년 만에 사표를 썼다고 했다. 노인들이 아프면 무조건 약으로 해결하고, 그들의 마음을 헤아리기보다는 작업효율을 우선시하는 방식에 의문이 들었기 때문이라 한다. 그는 20대 후반에 가쓰야마 죽세공을 접한 뒤 매력을 느꼈고, 스승의 기술과 작업을 가까이에서 보기 위해 오카야마 현 남부에서 이곳으로 출퇴근을 했다. 2007년에는 아예 집까지 옮기고 스승의 집을 뻔질나게 드나들었다.

가쓰야마는 에도시대 후반(19세기 초)부터 죽세공의 명산지로 명성이 자자했다. 대의 푸른 겉껍질과 흰 속을 조화시켜 줄무늬를 넣은 것이 특징인데 푸른 겉껍질은 잡균의 증식을 막고, 흰 속은 수분 흡수 작용을 한다.

전기밥솥이 없던 시절에는 집집마다 대가족의 하루치 밥(쌀과 보리를 섞어 지은 보리밥)을 아침에 한꺼번에 지었다. 보리는 쌀보다 쉽게 상한다. 그래서 특히 무더운 여름에는 보리밥이 상하지 않게 보관하는 것이 중요했다. 냉장고가 없던 그 시절, 사람들이 생각해낸 것은 잡균의 번식을 막는 대소쿠리였다. 1979년에는 국가로부터 '전통공예품'으로 지정되었다.

우리가 이주지를 찾아 이곳에 왔을 때 제일 먼저 만난 사람이 히라마쓰 씨였다. 대나무는 천연 누룩균의 자가 채종을 돕는 숨은 공로자다. 가쓰야마와의 인연이 죽세공 장인과 먼저 닿은 것만 봐도 우리는 이곳으로 올 운명이었던 듯싶다.

사라져가는 죽세공의 안타까운 현실

가쓰야마에 빵집 가게 자리를 정한 나는 가게 뒷길에서 5분 정도 떨어진 히라마쓰 씨의 공방을 찾아갔다. 가쓰야마 향토공예품인 대소쿠리로 누룩균을 채취할 생각이었기 때문이다.

히라마쓰 씨는 이런 이야기를 해주었다.

"일본에 자원이 없다고들 하는데 말도 안 된다고 생각해요. 숲이 있고, 물이 있고, 사계절이 있다는 건 풍부한 자원에 둘러싸여 있다는 얘기거든요. 저는 이렇게 자원이 풍부한 나라가 없다고 생각해요. 대나무만 해도 그래요. 저 숲속에 들어가면 엄청나요. 그런데 에도시대 말엽부터 서양기술에 밀려서 눈앞에 있는 것들이 눈에 안 들어오게 됐어요. 오랜 세월 동안 이어져온 전통기술이 그 무렵을 계기로 맥을 못 추게 됐지요.

그래도 나무통 만들기나 대장일, 죽세공은 생활과 밀착되어 있으니까 마지막까지 살아남았어요. 그런데 그나마도 설 자리를 잃게 만든 것이 플라스틱이지요. 값싼 용기가 나도니까 너도나도 죽세공에는 눈길도 안 줬어요. 덕분에 베도 베도 무진장 자라는 대나무는 거추장스런 존재가 돼버렸죠. 쓰면 좋으련만 아무도 안 썼으니까요.

죽세공업자들도 점점 줄어들고 있어요. 스승님은 몇 년 전에 병으로 돌아가셨고, 지금은 가쓰야마에도 몇 분 안 남았어요. 다들 고령

이시라 일은 안 하시고요. 저는 아직 재주가 모자라서 더 배우고 싶은 마음이야 굴뚝 같지만 이제 그것도 맘대로 안 될지 몰라요.

만드는 사람이 없어지면 죽세공의 존재는 점점 잊히겠지요. 우리 부모님 시절에 플라스틱이 보급됐는데, 우리 세대마저 죽세공을 외면하면 우리 자식들 세대는 우리보다 더 생소하게 여길 거예요. 접점이 없으니까요.

그래도 요즘은 환경문제며 자원 고갈이 전 세계적 문제라고들 하는 바람에 한편에서는 천연소재가 주는 이로움을 생활 속에 끌어들이려는 사람이 늘고 있어요. 그 덕에 죽세공에 대해서도 조금씩 주목하는 것 같고요.

여기저기서 죽세공 교실을 연다고 불러주면 거기 가서 대소쿠리에 밥을 담아두면 밥이 잘 상하지 않는다거나 대를 적당한 크기로 잘라서 다듬으면 젓가락을 만들 수 있다는 얘기를 해주고 와요. 그러면 구하고 싶다는 사람들이 나오죠. 사간 사람들은 다들 좋아해요. '1년 썼더니 색깔이 더 고와졌다'면서 사진을 찍어서 보내주는 사람도 있어요. 그럴 땐 정말 기분이 좋아요. 죽세공은 한 10년은 쓸 수 있고요, 쓰면 쓸수록 태가 고와져요. 기술의 명맥이 끊어질 만하니까 사람들이 다시 찾아주는 시절이 오네요.

그렇지만 애석하게도 죽제품의 장점이 제대로 알려지지 않은 게 현실이에요. 나 혼자서는 알리려고 애써봐야 한계가 있지요. 저야 아직 무르익지도 않았고 만드는 속도도 느리죠. 원하는 사람들한테 전부 다 제공하기에는 무리가 있어요. 이걸 직업 삼아 생계를 꾸리기도 힘들어요. 기술을 더 연마해서 만드는 속도도 높이고 생업으로 삼아서, 다음 세대에 이 기술을 전해주고 싶어요."

기술과 정신을 물려주는 빵

기술을 써서 물건을 만드는 사람이 있어야 기술도 존재할 수 있다. 발효나 양조 분야도 마찬가지다. 예전에는 농부들이 직접 탁주를 만들었다. 또 일본어에서 '자화자찬'을 '제 집 된장'(직접 담은 된장 맛을 자기 입으로 자랑한다는 의미-옮긴이)이라 표현하는 것만 봐도 예전에는 된장이 손수 담아 먹는 음식이었음을 알 수 있다. 헝가리의 농부들이 집집마다 와인을 담는 것처럼 생활 속에 기술이 있고, 지혜가 있었다. 그런 기술과 지혜는 일상생활을 다채롭게 하고 삶의 온기를 더해주었을 것이다.

생각해보면 히라마쓰 씨가 말했듯이 자본주의가 세계에 퍼지면서 각 지역의 전통과 사고방식은 조금씩 퇴색했다. 돈만 내면 필요한 물건은 무엇이든 손에 넣을 수 있는 편리함을 얻은 대신 생활 속의 기술과 지혜는 사라진 것이다. 전통문화와 기술 속에는 삶을 풍성하게 하는 지혜와 사고방식이 적잖이 깃들어 있다. 우리는 그것들을 회복하고 계승하는 데 도전하려 한다.

천연균과 자연재배 작물로 빵을 만들어서 일본 고유의 발효 기술을 재발굴하는 것이 우리의 도전목표다.

발효라고 하면 순수 배양균을 떠올릴 정도로 당연시되는 세태 속에서 우리는 이 고장에 서식하는 천연균의 힘만으로, 그리고 일본 고유의 주조법에 따라 주종을 만든다. 그 주종으로 설탕, 우유, 버터, 계란 을 넣지 않는 빵셈의 방식으로 빵을 만든다.

조금 과장되게 이야기하자면 서양의 전통 제빵 기술과 일본의 전통 술 빚기 방식이 녹아든 문명의 결합이다. 쌀을 이용하고, 일본에만 있는 누룩균으로 만드는, 일본에서만 만들 수 있는 빵. 바로 그런 생각을 담아 우리 집 주종으로 만든 식빵에는 일본식빵이라는 이름을 붙였다.

조금 더 크게 보자면 빵셈은 다도나 꽃꽂이, 일본 고유의 시가인 단가(短歌)나 하이쿠[俳句] 등 일본 전통문화에서도 중요하게 여기는 정신이다. 그 정신으로 우리는 빵을 만들고, 전통문화의 정신과 기술을 계승하려 한다.

앞으로도 이곳 가쓰야마에 살아 숨 쉬는 장인의 기술과 자부심을 느끼면서 빵을 구울 것이다.

제빵사와 궁목수의 닮은 점

제빵사와 궁목수는 닮은 점이 많다. 호류지[法隆寺]를 복원한 전설적인 궁목수 니시오카 쓰네카즈[西岡常一]는 단 한 명의 제자를 집에 들여 키웠는데, 그가 지난 40년간 궁목수의 외길을 걸어온 오가와 미쓰오[小川三夫] 씨다. 나는 오가와 씨의 책 『도편수, 재주를 물려주고 사람을 키우다』를 읽고 제빵사와 궁목수가 많이 닮았다는 생각을 했다.

우선 빵은 건축과 비슷하다. 특히 상징적으로 볼 때 빵과 건축은 과학기술과 효율성이라는 미명하에 옛사람들이 역사 속에 쌓아올린 기술을 오늘날 되돌아보지 않게 되었다는 점이 그렇다. 이윤을 최고로 치는 부패하지 않는 경제 속에서 인간의 재주가 경시되는 세태를 보여준다.

세계에서 가장 오래된 목조건물인 호류지는 1,300년간 쓰러지지 않고 서 있다. 콘크리트나 못, 철근을 쓰지 않았는데도 건재하다. 그런데 지금의 법률은 나무만으로 건축물을 세우는 행위를 허용치 않는다. 이를 놓고 오가와 씨는 "노송나무는 철이나 콘크리트보다 강하다." "콘크리트는 100년도 못 간다."고 분개한다.

물론 나무라고 다 좋은 것은 아니다. 나무의 특징과 성질을 간파하고 그 특징이 살도록 써야 한다. 호류지는 그 뼈대를 이루는 재료를 이것저것 쓴 건물로도 유명하다. 각기 다른 나무의 특성을 잘 살려서 건물 전체가 단단해지도록 조합을 만들어내는 것이 목수의 일이라고 오가와 씨는 말한다.

그런데 요즘 목수는 나무의 특징을 알아보지 못해 규격화한 수치로만 나무를 보고, 일괄적인 공장 제품처럼 다루려 하니 목수의 재주가 계승되지 못한다고 그는 지적한다.

이는 발효의 세계에도 똑같이 적용되는 말이다. 오가와 씨의 말을 빌려 표현하자면 '천연균은 순수 배양균보다 강하다'. 공장 제품처럼 순수 배양된 특징 없는 균이 아니라, 개성 강한 다양한 천연균을 잘 살릴 때 비로소 발효는 강해진다.

안타깝게도 발효의 세계에서는 균을 제 손으로 채취하고 균의 성질을 간파하는 기술이 거의 자취를 감추고 있다. 구식이고 비과학적이라고 흉보는 사람도 있다. 나는 이런 상황을 어떻게든 바꿔보고 싶다. 천연균으로 주종을 만들어 비록 작은 빵집이지만 일본 고유의 술 빚는 방식을 살려 다음 세대에 물려주고 싶은 것이다.

오가와 씨의 책 속에는 또 하나 놀라운 내용이 있다. 목조건물에 쓸 나무가 없다는 사실이다. 사람이 있는 한 기술은 물려줄 수 있다. 하지만 기술이 있어도 수백년이라는 세월을 견딜 수 있는 나무가 더 이상 없다고 하니 안타까운 일이 아닐 수 없다.

이 점도 천연균으로 발효를 일으키고자 애써온 나의 경험과 일치한다. 부패하지 않고 왕성하게 발효를 일으킬 재료가 거의 없다. 나는 운 좋게 가쓰야마라는 장소를 찾았지만 현실을 보면 균이 자랄 수 있는 장소가 드물고 균을 잘 살릴 수 있는 자연의 물이 풍부한 곳도 거의 없다. 자연재배 농가도 극소수에 불과하다.

그야말로 눈앞에 닥친 위기가 아닌가? 죽세공 장인인 히라마쓰 씨도 말하듯 기술은 명맥이 끊어지면 나중에 부활시키기가 쉽지 않다. 그러니 필사적으로 이어가야 한다.

하지만 기술을 잇는다 해도 그 기술을 발휘할 수 있는 자연 환경이 사라지고 나면 모든 것은 수포로 돌아간다. 기술을 계승하는 데 그치지 않고 물려받은 기술을 발휘하기 위한 자연도 함께 계승하는 지속 가능한 경제를 만들어야 한다.

우리가 이 점을 강력히 주장하는 이유는 우리 눈으로 확실한 답을 보았기 때문이다. 천연균과 자연재배 쌀로 구름 같은 주종 빵을 만들었을 때 마리는 뛸 듯이 기뻐하며 말했다. "이 빵을 이어가는 게 우리의 사명이야. 그러려고 우리는 빵집을 연 거야."

그렇다. 우리는 그런 사명감으로 빵을 만들고 기술을 계승하는 경제를 만들어야 한다.

삶과 함께하는 직업

"모코! 히카루! 아빠 일하시는 데 방해하면 안 돼."

"예."

대답은 그렇게 하면서도 모코와 히카루는 공방으로 뛰어 들어온다. 평일에는 각자 초등학교와 보육원에 다니는 모코와 히카루도 일요일이 되면 하루 종일 빵집에서 노는 게 일이다.

다루마리의 아들 딸이라는 것을 좋아하는 우리 아이들은 다루마리의 판매부장이다. 손님들도 아이들을 무척 귀엽게 봐주신다. 두 아이가 있어서 가게 분위기는 한층 밝아진다. 물론 둘 때문에 마리는 고생이다.

목, 금, 토요일은 다음날 반죽 일도 있어서 새벽부터 오후까지 공방에 긴장감이 돌지만, 이튿날이 휴일인 일요일은 비교적 여유가 있는 편이다. 아이들이기는 해도 둘은 상황을 보아가면서 공방을 놀이터로 삼는다.

"여기는 좁으니까 뛰면 안 된다고 했지? 그리고 오븐에서 아직 빵이 구워지고 있으니 위험해요. 가까이 가면 안 돼."

"예!"

대답은 잘 하지만 새겨듣는지 흘려듣는지 촐랑촐랑 돌아다니면서 나와 스태프의 작업을 들여다보는 아이들. 어느새 다가와 밀에서 잡초 씨앗을 골라내는 작업을 돕기도 한다.

"아빠, 이건 뭐야?"

"누룩균이라는 거야. 지금 주종을 만드는 중이거든. 이게 없으면 다루마리의 빵을 만들 수가 없어요."

"그럼 모코가 만들래! 모코는 커서 빵을 만들 거니까."

"히카루도 할 거야! 나도 빵 만드는 사람이 될 거라고."

히카루는 오카야마 사투리가 아주 제격이다. 아이들은 주어진 환경에 빠르게 적응한다. 우리 가게가 이 마을에서 자리 잡는 데에도 모코와 히카루의 공이 컸다.

최근에는 워크 라이프 밸런스(work-life balance, 일과 생활의 조화-옮긴이)라는 말을 자주 들을 수 있는데 다루마리의 일상은 이렇게 일과 생활이 뒤섞여 있다. 생활 속에 일이 있고, 일 속에 생활이 있는 나날이다. 궁목수인 오가와 미쓰오 씨가 "장인은 월급쟁이가 아니니 생활이 삶이고 삶이 직업이다."라고 한 것처럼 우리도 삶 그 자체가 직업이다.

다루마리에 휴일이 많은 이유

사람들이 우리 가게를 '희한한 빵집'이라고 생각하는 이유 중 하나는 휴일이 많기 때문이다. 우리 가게는 주 4일(목, 금, 토, 일)을 영업하고 수요일은 재료를 준비한다. 직원들은 주 5일 근무제(월, 화 휴무)로 일한다. 그리고 연중 한 달은 장기휴가다.

사실 마르크스도 근무시간(노동일)을 줄여야 자본주의의 미래사회를 건설할 수 있다고 했다. 요컨대 자본주의가 사람에게 너무 많은 일을 시킨다는 것이다. 경제가 발전해 생산력이 높아지면 하루

십 수 시간씩 일하지 않아도 사회와 생활이 굴러갈 수 있다는 지적이다.

육체적으로 고된 일이라 몸의 휴식이 필요하다는 것은 우리에게 휴일이 많은 여러 이유 중 하나에 불과하다. 굳이 설명하자면 지금보다 빵을 더 잘 만들기 위해 빵을 안 만드는 시간이 필요하다고 생각해서다.

빵에 대해 더 파고들고 기술력을 높이는 것도 좋지만, 빵만 보이고 세상이 안 보이게 되면 어떤 빵을 만들어 제공해야 할지를 모르게 된다. 음식이나 술, 공예품, 음악 등 다른 모든 분야에서 자극을 받아 빵을 만드는 데 필요한 아이디어를 얻고, 지금보다 나은 재료가 없을지 안테나를 높이 세워야 한다고 나는 생각한다. 또 여러 사람을 만나고, 많은 곳을 찾아가고, 다양한 책을 읽을 시간도 필요하다.

그처럼 빵 이외의 것들과 만나는 시간은 기술을 부리는 사람으로서의 감성을 연마하고, 삶의 폭과 깊이를 더하며, 견문을 풍부하게 하고, 사회의 움직임을 느끼는 눈을 기를 수 있게 해준다.

시대가 원하는 빵을 계속 만들기 위해서, 일과 생활이 하나가 된 삶에도 휴식의 시간이 필요하다.

사람을 키우기 위한 또 하나의 도전

나와 마리에게는 균과 생활하면서 빵을 만드는 삶도 중요하지만, 올해(2013년)로 여덟 살 되는 딸 모코와 네 살 되는 아들 히카루도 둘도 없는 보물이다.

아이들에게 열심히 사는 부모의 모습을 보여주고 싶다. 일을 한다는 것이 얼마나 즐겁고도 힘든지, 그리고 일을 통해 얼마나 많은 것을 얻게 되는지를 보여주고 싶다. 우리 생활 속에 일이 들어와 있으니 분명 그럴 수 있으리라 생각한다.

어느 날 마리가 이런 이야기를 한 적이 있다.

"이런 말 하기는 좀 그런데, 모코랑 히카루를 보면 부러워. 항상 옆에서 부모랑 다른 어른들이 얼마나 열심히 일하는지를 눈으로 보고 피부로 느낄 수 있잖아. 나 어릴 때는 아버지가 회사를 다녔으니까 어떤 일을 하시는지, 어떻게 일하시는지 전혀 상상을 못했거든."

내 경우는 아버지가 학자라는 특이한 직업을 가졌던 탓에 아버지가 일을 하는 분이라는 느낌이 전혀 들지 않았다. 그래서 오랫동안 빈둥거렸을 수도 있다. 그런 의미에서는 확실히 일상생활 속에 일이 있고 그 속에서 자라는 장점이 있을 것 같다.

물론 집에서 일을 하면 아이들에게 멋진 모습만 보일 수는 없다. 빵이 잘 안 만들어지면 나는 금세 어깨가 처진다. 마리는 팔다가 실수라도 한 날이면 풀이 죽어 백배사죄한다. 하지만 아이들이 이런 모습까지도 기억했으면 좋겠다.

저희들이 눈을 떴을 때 아빠는 이미 일터에서 굵은 땀을 흘리고 있고, 집안에는 온톤 향긋한 빵 굽는 냄새가 퍼졌다는 것, 손님들로 가게가 북적이면 엄마와 아빠는 힘들어하면서도 무척 기뻐했다는 것, 녹초가 될 때까지 일한 뒤에는 '한 잔의 술'과 함께 이 세상 최고의 행복을 나눴다는 것……. 부모가 열심히 일하며 사는 모습을 기억 속에 깊이 새겨준다면 얼마나 좋을까?

이런 환경에 살면 아이들은 분명 자신의 힘으로 큰다. 우리가 키우는 것이 아니라 자기 안에 있는 힘을 비축해서 건강하게 자라난다.

내가 할 수 있는 일은 애정을 듬뿍 쏟고, 제대로 된 음식을 먹이는 것 정도다. 손님들에게 주고 싶은 것, 우리가 귀하게 여기는 것들을 우리도 먹고 아이들에게도 먹인다. 사실 나나 마리에게는 복잡하고 손이 많이 가는 음식을 만들 시간이 거의 없다. 게다가 아침밥은 스태프들과 같이 먹느라 보기 좋게 잘 차려진 음식을 먹지도 못한다. 자연재배 한 쌀밥을 해먹일 때가 많지만, 때로는 실패한 빵을 먹기도 하고 때로는 새 레시피 시도용 빵을 먹기도 한다. 하지만 재료의 질만큼은 양보하지 않는다.

우리 부부는 천연균과 자연재배로 아이들까지 키우는 셈이다.

그러고 보니 과거 궁목수들은 집안에서 후계자를 내는 세습이 당연했다 한다. 10년 전의 나였다면 폐쇄적이고 낡아빠진 방식이라고 생각했겠지만, 지금은 이해가 된다. 아마도 생활 속에서만 계승되는 기술과 정신이 있다는 의미일 것이고, 일상생활과 함께 몸에 배게 해야만 알 수 있는 부분이 있다는 뜻이리라.

바로 그런 의미의 수련이 우리 스태프에게도 이루어져야 할 것 같다. 시골빵집을 연 지 5년이다. 이제 겨우 스스로 만족할 수 있는 빵을 만들 수 있게 되었지만 부끄럽게도 아직 제대로 사람을 키운 적은 없다. 아직은 정착한 스태프가 없다.

분명 사람을 키워야 한다는 생각이 강했기 때문일 것이다. 나의 틀에 맞춰서 키우려는 생각이 강해서였는지도 모른다. 아이들처럼, 천연균과 자연재배처럼 환경만 만들어두면 사람은 저절로 자라게 되어 있다. 그러기 위해 우리는 스태프와 침식을 같이 하는 도제제도를 시도하려 한다. 물론 시행착오는 필수과정일 것이다.

아이들이 자라서 빵을 굽게 될지, 이 가게를 이어줄지는 아직 모르지만 아이들과 스태프가 생활 속에서 보고, 느끼고, 배운 바를 살려서 믿음직스럽게 자랐으면 좋겠다. 일의 의미를 몸으로 배워서 자신의 장래를 위해 썼으면 한다. 그것이 시골빵집의 또 하나의 도전이다.

사람을 만든다는 것은 주제넘은 소리다. 다만 우리는 사람이 자랄 수 있는 터를 만드는 일에 도전하려 한다.

아버지와의 화해

잘난 소리를 잔뜩 늘어놓았지만, 솔직히 나도 사람 구실을 할 만큼 자란 것은 지극히 최근의 일이다. 간절히 바라던 시골빵집을 열고, 천연 누룩균으로 주종 빵을 만들고, 천연 누룩균의 자가 채종에 성공하고, 가쓰야마로 무사히 이전하기까지……. 각각의 성공체험은 이제는 자신감으로 변했다. 어쨌든 지난 30여 년을 성공체험과는 무관한 삶을 살았던 것을 감안하면 장족의 발전이다.

나에 대한 자신감이 생기니 어릴 때는 쳐다만 봐도 화가 나던 아버지와도 제대로 얼굴을 마주할 수 있게 되었다. 아버지도 자립한 나를 인정해주시는 것 같다.

돌이켜보면 우리의 관계를 회복시키려는 어머니의 노력이 컸다. 어머니는 무절제했던 나의 청년기를 있는 그대로 받아주셨다. 언제나 같은 방식으로 손을 내밀어주신 어머니가 계셨기에 아버지를 따라 헝가리에도 갈 수 있었다. 그때 아버지를 따라가지 않았다면 지금과는 전혀 다른 인생을 살고 있을지도 모른다.

우리가 지바에 살 때는 모코와 히카루를 보러 오시는 일이 부모님의 낙이었다. 장기휴가 때만 되면 우리는 양가 어른들을 모시고 여행을 떠났다. 어릴 때 너무 많은 불효를 저지른 데 대한 사죄의 의미가 담긴 작은 효도였다.

오카야마로 오면서 마음에 걸렸던 것 중 하나는 아버지와 마음의 거리를 이제 겨우 좁혔는데, 또다시 물리적으로 한참을 떨어져 지내야 한다는 점이었다. 연로한 부모님이 그렇게 자주 오시지는 못할 거라 생각하니 자꾸 마음이 쓰였다. 그런 내 마음을 아셨는지 부모님이 오카야마로 다니러 오신 적이 있었다. 와인을 따라주시며 아버지는 이런 말씀을 하셨다.

"세미나 학생들한테 네 가게 얘기를 한 적이 있다. 시골에서 비싼 빵을 파는데 안 망하고 몇 년이나 잘하고 있다고. 환경에도 부담을 주지 않고 사람의 몸에도 좋은 빵을 만든다면서 좋은 재료와 기술을 고집하는데 너희들은 어떻게 생각하느냐고 말이다. 그랬더니 학생들이 이런 얘기를 하더라. '자본주의가 만든 식품은 대부분 허섭스레기 같은 거예요. 사람을 값싸게 부리기 위한 사료 같은 거지요. 그런데 이런 세상에서 진짜 음식을 만든다니 아드님이 만드는 빵에는 가치가 있는 거네요.' 내가 살짝 결론을 유도한 측면도 좀 있다만, 허허허. 요새 젊은 애들은 감성이 참 대단하지. 허섭스레기라는 둥, 사료라는 둥.

그런데 너희 빵은 시중에 유통되는 빵과 비교하면 아무래도 비싸. 슈퍼마켓이나 편의점에서 파는 빵도 국가의 안전기준은 제대로 통과했잖니. 100엔짜리 빵하고, 너희가 만든 400엔짜리 빵을 내놓으면 돈 없는 학생들은 허섭스레기라는 느낌이 들어도 싼 걸 고를 거라는 말도 하더라.

그 부분을 어떻게 하면 좋겠느냐 했더니, 학생 한 명이 이런 제안을 하더라. '아드님이 만든 빵을 그대로 시중에 유통시키면 400엔이라는 가격이겠지만 사회적인 의의, 문화적인 의의를 평가해서 누구나가 쉽게 살 수 있는 가격 책정 시스템을 만들면 되지 않을까요?'

내가 앞에 있으니까 립 서비스로 한 말일 수도 있다마는 너희가 하는 일의 의미를 이해하는 학생들이 있다는 걸 알게 돼서 나는 참 좋았다. 게다가 사는 사람, 먹는 사람도 먹거리에 관해서 생각을 많이 해야 한다는 것도 깨달았지.

너희가 만드는 빵은 슈퍼마켓이나 편의점을 통해서 전국에 공급할 수는 없겠지만, 너희 빵에는 값싼 빵과는 다른 가치가 있다. 글로벌화다, 식량문제다, 지구 공동체의 회복이다 하는 현대 사회가 안고 있는 문제를 빵을 가지고 접근한다는 데 의미가 있는 거지. 그것을 풀뿌리 차원에서 부딪치는 다루마리를 응원하마. 그러니 힘내라."

돈은 미래를 선택하는 투표권

이제 슬슬 이 책을 마무리할 때가 온 것 같다. 지나간 시간을 되돌아보면서 느낀 점이 있다. 우리가 빵 하나를 이렇게까지 파고들 수 있었던 것은 우리 부부가 먹기를 참 좋아하기 때문이라는 사실이다.

'인생, 한잔 술이 최고'라는 말이 있다. 열심히 일할 수 있고, 그런 다음 맛깔스런 음식과 맛 좋은 술을 맛볼 수 있다면 사람들은 누구나 즐겁고 넉넉하게 살 수 있을 텐데, 자본주의 경제는 부패하지 않는 돈을 늘리는 데에만 혈안이 되어 일과 먹거리를 파괴하기 바쁘다. 왜 그래야 하는가?

우리는 우리가 먹고 싶은 것을 지키고 싶어서, 생활과 일이 하나가 된 인생을 살고 싶어서 빵이라는 무기를 들었다. 천연균과 자연재배를 만나서 작은 빵 뒤에 펼쳐진 발효라는 이름의 대우주와 그 매력을 알았다.

나는 싫증을 잘 내는 성격이라 순수 배양균을 사용한 빵, 100% 성공할 수밖에 없는 빵을 만들었다면 아마 오래 가지 못했을 것이다. 제멋대로 행동하는 천연균을 상대했던 덕분에 끙끙대면서 있는 재주, 없는 지혜를 다 짜냈고 오늘은 어제보다 나은 빵을 굽자고 고군분투할 수 있었다. 내 성격에 맞는 빵을 만들다보니 그 빵을 좋아해주는 사람도 늘었다. 그 덕에 또다시 열심히 달렸다. 그게 전부였는지도 모른다.

우리는 지금 느끼는 넉넉함을 앞으로도 계속 누리고 싶고, 아이들에게도 물려주고 싶다. 바로 그 넉넉함이 다른 사람들에게도 널리 퍼졌으면 좋겠다. 지금 같은 글로벌한 자본주의 일변도 세계에서는 실현하기 어려워 보일 수도 있다. 그래서 우리는 미래에 희망의 등불을 밝히기 위해 시골에서 경제를 부패하게 하고 새로운 경제를 발효시켜서, 열심히 일한 몸속으로 기분 좋게 배어드는 빵과 맥주와 와인 같은, 기분 좋은 경제를 만들고 싶다.

우리 생각에 공감하는 사람들이 미래를 향해 한 걸음 내딛기를 진심으로 바란다. 가능하다면 시골에서 우리처럼 도전하는 사람들이 늘면 더 좋겠다. 꼭 그 길이 아니어도 자기 안에 있는 힘을 키우고, 땅과 터를 다지는 데 관심을 기울이는 사람들이 늘면 좋겠다.

우리 안의 힘이 당장에 꽃을 피우지는 않겠지만 스스로 자신을 키워가다 보면 언젠가는 만개하는 날이 오지 않을까? 쉬지 말고, 싫증내지 말고, 자신을 연마하면 길은 열린다.

매일 돈을 쓰는 법을 바꿔보는 것도 경제를 부패하게 하는 하나의 방법이라 생각한다. 부패하지 않는 돈도 쓰기에 따라서는 강력한 무기가 될 수 있다. 돈에는 미래를 선택하는 투표권으로서의 힘이 있다. 몇 년에 한 번 있는 선거의 한 표보다 매일 쓰는 돈이 현실을 움직이는 데 강력한 힘이 될 수 있다. 예를 들면 믿을 수 있는 물건을 만들고 서비스를 제공하는 사람에게 정당하게 비싼 값을 지불하는 것이다. 이윤을 남기려는 사람들이 아니라 환경을 조성하고 흙을 만드는 사람들에게 돈을 쓰는 방법이다.

돈을 쓰는 방식이야말로 사회를 만든다.

자리가 잡히고 균이 자라면 먹거리는 발효한다. 그와 마찬가지로 소상인과 장인이 크면 경제도 발효할 것이다. 사람과 균과 작물의 생명이 넉넉하게 자라고 잠재능력이 충분히 발휘되는 경제. 그것이 시골빵집이 새롭게 구워낸 자본론이다. 빵을 굽는 우리는 시골 변방에서 일어나는 조용한 혁명의 태동을 오늘도 느끼는 중이다.

에필로그

"이타루, 빵을 만들어보렴."

생전에 바이러스를 연구하시던 할아버지는 꿈에서 그렇게 말씀하셨다. 바이러스는 미생물, 눈에 보이지 않는 균이다. 그런 할아버지가 의사는 아니지만 먹거리를 다루는 자로서 당신처럼 시골에서 살겠다는 꿈을 가진 손자를 하늘에서 내려다보고 계셨다. 그 녀석은 서른이 넘어서도 아직 제 갈 길을 정하지 못하고 있었다.

"이 녀석아, 정신 차려. 적어도 내가 세상을 뜬 나이에는 너도 남들 못지않은 사람이 되어다오. 응원하마. 그런데 균이란 게 말이야, 참 재미있단다. 그걸 들여다보면 생명이 보일 거야. 발효도 균의 세계 아니냐. 양조장은 너무 크다만 빵 정도는 어떠냐?"

사람의 생명에 대한 책임감으로 균을 다루었던 할아버지이기에 해줄 수 있는 세련된 메시지였을까?

약해빠진 나의 망상이었는지도 모르겠다. 하지만 발효의 세계에 푹 빠져 생명의 신비, 자연의 깊이를 들여다보면 볼수록 '역시 할아버지가 이끌어주셨어.'라고 절절히 느껴지는 것은 어쩔 수 없다.

그리고 또 한 분. 아버지는 나에게 마르크스를 알게 해주셨고, 서툰 정의감을 물려주셨다. 박사과정 때 연구자로서의 능력을 인정받았던 아버지는 교수가 될 수 있는 탄탄한 길이 보장되어 있었음에도 불구하고, 대학 측에 대학원생의 처우개선을 강력히 요구하는 학생운동을 했다. 결국 그 때문에 아버지는 출세 길에서 멀어졌다. 내가 작은 정의감에 집착해 조직 속에서 영리하게 처신하지 못한 면은 아버지를 빼다박았다.

마지막으로, 우리 친족 중에는 현재의 나로 이어지는 뿌리가 또 있다. 할머니가 재가한 집안이 일본 술 양조장을 했던 것인데, 어린 시절 아버지 손에 이끌려 놀러갔던 새 할아버지 댁 술 창고 광경이 지금도 선명하게 떠오른다. 찐쌀에서 풍기는 달콤한 냄새를 맡고 '쌀은 이렇게 맛있는 거로구나!' 하고 감동했던 나는 그때부터 쌀을 좋아하게 되었다.

인생 마흔을 넘어 뒤를 돌아보니 내 인생은 필연적인 궤도를 걸어온 것 같다. 지나온 장면 하나하나가 나를 일본 술을 활용한 주종 빵에 빠져들게 했고, 빵으로 경제의 미래를 여는 도전을 할 수 있도록 등을 밀어준 것이다.

나는 빵집 주인이 되어서 정말이지 행복하다. 빵이 아니었으면 지역경제를 세우겠다는 목표도, 경제를 순환시키고 발효시켜서 부패하는 경제를 만들겠다는 발상도 할 수 없었으리라.

왼쪽에 생산자, 오른쪽에 고객. 그 사이에 내가 있고 우리를 둘러싸듯 균이 있다. 빵을 만나고 마르크스를 만나고 균과 만날 수 있었기에 지금의 내가 있다.

할아버지에서 아버지, 그리고 나에게로 이어져온 것들을 우리는 다시 아이들에게 물려줄 것이다. 시골빵집의 도전은 계속된다.

시골빵집에서 자본론을 굽다

1판 1쇄 발행 2014년 6월 2일
1판 21쇄 발행 2024년 2월 7일

지은이 와타나베 이타루
옮긴이 정문주

발행인 김기중
주간 신선영
편집 민성원, 백수연
마케팅 김신정, 김보미
경영지원 홍운선
펴낸곳 도서출판 더숲
주소 서울시 마포구 동교로 43-1 (04018)
전화 02-3141-8301
팩스 02-3141-8303
이메일 info@theforestbook.co.kr
페이스북·인스타그램 : @theforestbook
출판신고 2009년 3월 30일 제2009-000062호

ISBN 978-89-94418-73-5 03300